Interpretação espiritual
dos sonhos

Dados Internacionais de Catalogação na Publicação (CIP)
(Câmara Brasileira do Livro, SP, Brasil)

Grün, Anselm
Interpretação espiritual dos sonhos / Anselm Grün, Hsin-Ju Wu ; tradução de Milton Camargo Mota. – Petrópolis, RJ : Vozes, 2016.

Título original: Vom spirituellen Umgang mit Träumen

Bibliografia

5ª reimpressão, 2023.

ISBN 978-85-326-5313-0

1. Espiritualidade 2. Sonhos – Interpretação I. Wu, Hsin-Ju. II. Título.

16-05680 CDD-248

Índices para catálogo sistemático:
1. Sonhos : Interpretação : Espiritualidade 248

Anselm Grün
Hsin-Ju Wu

Interpretação espiritual dos sonhos

Tradução de Milton Camargo Mota

EDITORA
VOZES

Petrópolis

© 2014, Kreuz Verlag, parte da Verlag Herder GmbH, Freiburg im Breisgau
Anselm Grün / Hsin-Ju Wu

Tradução do original em alemão intitulado
Vom spirituellen Umgang mit Träumen

Direitos de publicação em língua portuguesa – Brasil:
2016, Editora Vozes Ltda.
Rua Frei Luís, 100
25689-900 Petrópolis, RJ
www.vozes.com.br
Brasil

Todos os direitos reservados. Nenhuma parte desta obra poderá ser reproduzida ou transmitida por qualquer forma e/ou quaisquer meios (eletrônico ou mecânico, incluindo fotocópia e gravação) ou arquivada em qualquer sistema ou banco de dados sem permissão escrita da editora.

CONSELHO EDITORIAL

Diretor
Volney J. Berkenbrock

Editores
Aline dos Santos Carneiro
Edrian Josué Pasini
José Maria da Silva
Marilac Loraine Oleniki

Conselheiros
Elói Dionísio Piva
Francisco Morás
Gilberto Gonçalves Garcia
Ludovico Garmus
Teobaldo Heidemann

Secretário executivo
Leonardo A.R.T. dos Santos

Editoração: Gleisse Dias dos Reis Chies
Diagramação: Sheilandre Desenv. Gráfico
Revisão gráfica: Nilton Braz da Rocha e Nivaldo S. Menezes
Capa: Idée Arte e Comunicação
Ilustração de capa: © Antart | Dreamstime

ISBN 978-85-326-5313-0 (Brasil)
ISBN 978-3-451-61281-7 (Alemanha)

Este livro foi composto e impresso pela Editora Vozes Ltda.

Sumário

1 Introdução, 7

2 Verdade, direção, promessa – O sonho na Bíblia, 31

3 Experiência de Deus e autorreferência – O sonho na tradição espiritual, 51

4 Compreensão do sonho na psicologia, 77

5 Linguagem dos sonhos – Significado das imagens, 91

6 As regras para lidar espiritualmente com os sonhos, 139

7 Conclusão, 165

Referências, 169

Índice, 171

1
Introdução

Encontro com o mundo espiritual do Tao

Os sonhos têm algo misterioso. Em suas imagens, eles dizem algo sobre aspectos de nossa alma que não nos são tão familiares na consciência cotidiana. Mas também guardam uma relação com nossa vida que percebemos conscientemente em nosso cotidiano. Por isso, eles também têm algo fascinante para nós. Quando falo sobre sonhos em palestras, sempre experimento uma reação muito viva nos ouvintes. Muitos narram sonhos concretos e querem que eu diga o que poderiam significar. Vivenciei uma reação particularmente ativa quando dei palestras sobre luto e superação do luto em Taiwan para budistas e cristãos e toquei no assunto de sonhos em que aparecem mortos ou em que sonhamos com nossa própria morte ou a de uma pessoa próxima. Foi possível notar com nitidez a grande necessidade de ter melhores informações sobre sonhos. Há muitos livros escritos por psicólogos sobre sonhos e interpretação dos sonhos. Mas percebi que justamente os cristãos têm forte interesse em aprender mais sobre os sonhos. Eles não querem apenas saber se os sonhos são expressão do inconsciente, ou se processamos nossos problemas cotidianos neles; no pano de fundo, o que sempre se pergunta é se os sonhos têm um significado mais profundo e importante para nossa vida. E, nesse contexto, os cristãos indagam, sobretudo, se é possível que Deus fale conosco no sonho, tal como a Bíblia nos descreve repetidas vezes.

Por isso, o encontro com as pessoas de Taiwan e as conversas que tive com minha editora desse país, a teóloga protestante Hsin-Ju Wu, incentivaram-me a reconsiderar o tema dos sonhos. Ao longo das últimas décadas realizei vários seminários sobre sonhos e até mesmo escrevi, há 25 anos, uma pequena obra intitulada *Sonhos na jornada espiritual*. Mas senti a necessidade de um tratamento mais detalhado para esse tema. Minhas conversas com a senhora Wu me forneceram ideias valiosas para essa nova ocupação com os sonhos. Ela me apresentou uma interpretação de sonhos que é costume na tradição chinesa. Não só descobri nesse diálogo uma perspectiva totalmente nova dos sonhos, mas também nasceu em mim o desejo de refletir novamente sobre a sabedoria deles nas tradições ocidental e asiática. Os sonhos são realmente um tema que mexe com as pessoas de todas as culturas e nacionalidades, além de serem objeto de reflexão de todas as religiões. Justamente na era da globalização, que também aproxima as diferentes mentalidades e tradições culturais, e especialmente por causa do crescente interesse pela cultura asiática na Europa, é uma tarefa emocionante abordar esse tema no diálogo entre Oriente e Ocidente.

A cultura chinesa sempre teve grande estima pelos sonhos. A filosofia taoista, em especial, pensou bastante a seu respeito. C.G. Jung, por várias vezes em seus escritos, já havia chamado a atenção para a filosofia chinesa e salientado quanto ela poderia enriquecer nosso pensamento ocidental. Ao receber a tradução de uma lenda chinesa de uma editora inglesa, ele elogiou a profunda "psicologia que cresce naturalmente da terra. É simplesmente maravilhoso ver que os chineses cuidavam de sua alma como seu jardim" (JUNG. *Briefe* II, 65). Tal como C.G. Jung se deixou inspirar pelo pensamento chinês, eu também me senti estimulado, na conversa com Wu, a repensar nos sonhos e escrever sobre eles. Escrevi o texto sozinho, mas os estímulos dessa senhora foram incorporados a este livro, e não apenas onde cito expressamente textos chineses. Discutimos todos os campos: os sonhos na Bíblia e na tradição religiosa, mas também a interpretação de sonhos concretos. Na conversa nossa visão se ampliou, e fomos capazes de examinar os sonhos de maneira nova, com novos olhos.

Há um famoso livro chinês sobre sonhos, escrito pelo príncipe Zhou há cerca de 2.000 anos. Para muitos chineses, esse livro sobre sonhos é uma espécie de Bíblia. Ali estão representadas ideias essenciais do taoismo. Portanto, não deixaremos de desfrutar aqui a sabedoria chinesa sobre os sonhos.

O taoismo é a filosofia que mais marcou o pensamento chinês – ao lado do confucionismo, de caráter mais prático. Por isso, expliquemos brevemente o grande papel que os sonhos desempenham para essa escola de pensamento. O termo "Tao" tem significados diferentes. Em primeiro lugar, é o caminho que devo trilhar. Mas também o Tao se refere ao comportamento que corresponde à minha essência. E é, igualmente, a ordem cósmica inerente a todos os seres. O Tao é a razão de tudo. Significa o caminho certo que nos leva à vida, e a sabedoria de vida que nos revela nossa verdade interior. Portanto, os dois termos – "caminho" e "verdade" – são importantes para os taoistas na interpretação dos sonhos. O taoismo confia no fato de que o homem, durante um sonho, pode conhecer o Tao, a verdade, o caminho para a vida. Esse entendimento tem pontos de contato com prólogo de João no Novo Testamento. Traduções chinesas de Jo 1,1 também escrevem: "No princípio era o Tao". Nesse sentido, Tao significa em última análise a Palavra de Deus. Se o sonho nos revela o Tao, podemos exprimir isso da seguinte maneira em linguagem cristã: No sonho, Deus fala sua palavra para nós. E a respeito dessa palavra podemos dizer: "Nele estava a vida, e a vida era a luz dos homens" (Jo 1,4). Até mesmo um entendimento cristão nos permite dizer: A palavra de Deus no sonho nos mostra a autêntica realidade de nossa vida.

Para o taoismo, isso se torna nítido no famoso sonho que nos é narrado pelo contador de sonhos taoista Zhuangzi. Ele sonhou que era uma borboleta. No sonho, ele voa com muita felicidade de um lado para o outro no jardim. Quando acorda, ele já não pode distinguir se é um homem sonhando que é borboleta – ou se ele é uma borboleta que sonha que é um homem. Muitas vezes não podemos definir com exatidão a diferença entre sonho e realidade.

Esse sonho mostra algo essencial a respeito do ser humano: ele é, por natureza, como uma borboleta. Ele reflete a beleza e a leveza de Deus. Em sua alma, ele pode se alçar acima do peso de sua vida.

Os taoistas interpretam sonhos de um modo diferente de nós, ocidentais. Nós sempre nos perguntamos o que o sonho significa, o que os símbolos nos sonhos nos dizem para nossas ações ou o que podem revelar sobre nossos problemas psicológicos. Para os taoistas, em contrapartida, os sonhos são uma mensagem que desvela nossa verdadeira natureza, que nos mostra a verdade sobre nós mesmos. Uma mensagem fundamental do taoismo é que, nos sonhos, a essência do homem é revelada.

Aprofundar-me nessa filosofia taoista e em sua interpretação de sonhos proporcionou-me grande alegria. Não apenas ingressei num novo mundo, mas ao mesmo tempo descobri que muitas afirmações do taoismo correspondem a afirmações cristãs. Justamente a leveza da alma, a prontidão a descobrir a criança em si mesmo – tornar-se criança, na linguagem de Jesus – me mostraram várias semelhanças entre a filosofia taoista e a teologia cristã.

A meu ver, um diálogo entre essas duas sabedorias de vida também poderia render frutos para nós, cristãos ocidentais. Essa visão foi corroborada numa conversa com nosso ex-Abade Fidelis Ruppert: Ele disse que o taoismo está mais próximo do cristianismo do que o budismo, a outra tradição intelectual da China que atualmente tem mais "entrada" no Ocidente. O diálogo entre o cristianismo e o taoismo pode, segundo ele, fornecer novos entendimentos para a teologia cristã. De fato, após o diálogo com a forma taoista de pensar, passei a ver com outros olhos algumas passagens da Bíblia. Um exemplo aqui seria a incômoda Palavra de Jesus no final da parábola do servo inútil. Nós devemos – como Jesus nos exorta – sempre dizer: "Somos servos inúteis; fizemos somente o que devíamos fazer" (Lc 17,10). Espiritualidade significa fazer o que estamos devendo a nós próprios e a Deus, o que devemos ao momento. O Tao – assim nos diz Lao-Tse, o fundador dessa tradição chinesa – é o habitual. A sabedoria da filosofia taoista consiste em fazermos o totalmente habitual e não nos sentirmos especiais. São nossas ações cotidianas que mostram concretamente se estamos abertos para o Tao – para o caminho de Deus, para o Espírito de Deus.

Na conversa com a senhora Wu, ainda abordamos outros motivos por que havíamos escolhido justamente o tema do sonho para um diálogo entre a mentalidade chinesa e a europeia. Em Taiwan muitos cristãos têm, aparentemente, medo de lidar com os sonhos. Quando, principalmente no contexto do tópico "luto e aconselhamento de luto", falei sobre sonhos em que mortos aparecem, percebi rapidamente: muitas pessoas têm medo de que os mortos nos apareçam nos sonhos como fantasmas. Na crença popular são importantes os primeiros sete dias após a morte. Na sétima noite – acredita-se – o falecido aparece e nos passa uma mensagem. Ele nos compromete a alguma coisa e nos passa tarefas que temos de cumprir incondicionalmente. Caso contrário, isso seria um desastre para nós e nos prejudicaria. Os cristãos em Taiwan não querem se envolver com sonhos, porque temem absorver as concepções amedrontadoras propagadas pela crença popular. Mas é claro que os cristãos de Taiwan também têm sonhos; ou seja, eles precisam igualmente de auxílio para lidar com seus sonhos.

Em nossa esfera cultural, também há temores semelhantes. Alguns têm medo de se envolver com sonhos, porque os associam a todo tipo de concepções sobre infortúnios iminentes. Outros não se atrevem a contemplar seus sonhos. Para superar tais medos, é sensato, razoável e adequado escrever sobre esse tópico, com base tanto na tradição religiosa como nas descobertas da psicologia atual.

Nas igrejas pentecostais em Taiwan, também existem pastores que interpretam os sonhos dos fiéis de maneira autoritária. Eles reivindicam para si a capacidade exclusiva de interpretar os sonhos porque teriam sido dotados para isso pelo Espírito Santo. Nesse caso, os cristãos também têm medo de narrar seus sonhos. O medo é: "O pastor poderia me controlar. Poderia determinar o que é bom para mim – pois só ele sabe o que meus sonhos significam e o que Deus quer me dizer por meio deles". Isso realmente constitui um abuso espiritual. Alguém abusa de sua autoridade religiosa para tornar os outros dependentes de si mesmo e vinculá-los a si por meio do medo.

Também me deparei com esses temores aqui na Alemanha. No entanto, aqui há menos medo de uma interpretação feita por sacerdotes. Aqui, os psicólogos desempenham um papel temido por alguns: eles podem ver o meu interior e descobrir minhas fantasias sexuais reprimidas ou, num julgamento psicológico, classificar-me como doente ou, ao menos, como inibido.

Interpretação e significado espirituais

Frente a esses medos das pessoas na Alemanha e Taiwan, gostaríamos de mostrar o significado benéfico e útil dos sonhos. Vamos recorrer a várias fontes. A Bíblia fala de sonhos, e a tradição espiritual também leva os sonhos a sério. Por isso, ao ouvir a Bíblia, os mestres espirituais e os *insights* da psicologia, lidaremos com os sonhos de um modo a reconhecer neles uma direção para nossa vida. E queremos reforçar nos leitores a confiança de que o próprio Deus lhes fala durante o sonho e de que Ele deseja lhes mostrar uma maneira de ter vida próspera e de desenvolver o potencial que reside na alma de cada um.

Quando dou algum curso sobre sonhos em nossa casa de hóspedes, é sempre uma ocasião fascinante, com muitas risadas. Pois os sonhos não seguem as leis da natureza e não se regem por nossos padrões morais. São muitas vezes coloridos, nos confundem e nos divertem. Também podem ser muito sérios. Algumas pessoas prestam atenção nos sonhos apenas quando se trata de pesadelos. Sentem necessidade de narrar os pesadelos, porque têm medo deles e muitas vezes não sabem o que fazer com eles. Mas pesadelos não são sonhos ruins. Apenas nos obrigam a olhar para o sonho e a lidar com ele. Não podemos ignorar os pesadelos. Eles se apresentam tão claramente que prendem nossa atenção.

Os participantes desses seminários não falam apenas sobre pesadelos, mas também sobre devaneios. Tais devaneios nos ocorrem quando cochilamos durante uma leitura. Ou quando estamos no trem e contemplamos a paisagem. De repente, um filme se desenrola em nossa mente. Esses devaneios também são manifestações do inconsciente. E Deus também pode nos dizer alguma coisa por meio deles. E alguns falam sobre sonhos lúcidos, em que veem tudo nitidamente. Com frequência, experiências importantes estão presentes nos sonhos lúcidos. As pessoas tinham a impressão de que reconheciam que tudo estava claro para elas. Quando acordavam, essa clareza havia desaparecido novamente. Mas o sonho lhes mostra que há, em sua alma, um ponto em que veem tudo com clareza.

Nem tudo o que sonhamos à noite tem um significado mais profundo. Há também muitos sonhos que, na verdade, "digerem" o que vivemos durante o dia. Mas a pesquisa sobre sonhos diz que esses sonhos digestores têm um efeito salutar sobre nós. Se paramos de sonhar, todas as coisas vivenciadas se acumulam em nós. Os sonhos digerem o que foi vivenciado e nos preparam para o fluxo de novas experiências do dia seguinte.

Os sonhos também incluem as ações realizadas por alguns sonâmbulos. O sonambulismo pode ser visto como exteriorização de questões inconscientes. Uma mulher me disse que se sentiu apavorada ao se olhar no espelho pela manhã. Ela havia cortado o cabelo durante a noite. E estava com medo de que pudesse fazer outras coisas malucas durante o sonho. Mas o corte do cabelo tem uma interpretação simbólica. E seria importante considerar essa ação como um sonho. Essa mulher poderia pensar sobre o que os cabelos significam para ela e o que significa cortá-los – podar sua própria beleza ou abafar sua força interior.

Outro tópico é a relação entre sonho e visão. Alguns não conseguem distinguir se tiveram um sonho intenso ou uma visão. Tampouco é necessário fazer tal distinção. A visão deve ser interpretada como um sonho. Ela descreve algo que se passa na própria psique. Mas, tal como o sonho, a visão tem um significado não só para o próprio indivíduo, mas muitas vezes também para outras pessoas. No entanto, as visões nunca são fenômenos objetivas que podemos captar com uma câmera. Ao contrário, trata-se de imagens psicológicas internas, que, entretanto, aparecem de modo tão claro que achamos que realmente vimos algo extraordinário.

Muitos procuram interpretação em livros sobre sonhos na área da psicologia. Isso certamente é útil, pois a psicologia, com suas variadíssimas escolas e abordagens interpretativas, ofereceu enorme contribuição para a interpretação e compreensão de nossos sonhos. Mas, antes de toda a psicologia, é a Bíblia que nos fala sobre sonhos. E a tradição espiritual sempre respeitou os sonhos. Eles eram uma importante linguagem de Deus para aquele que empreendia um caminho espiritual. Era comum no acompanhamento espiritual – como no caso dos Padres do Deserto – contemplar os sonhos e discutir sobre eles uns com os outros.

Quando olhamos para os sonhos pela via espiritual não nos limitamos a sonhos religiosos. Os sonhos que são muito terrenos e às vezes caóticos também são importantes para a jornada espiritual, na medida em que nos revelam a condição em que nos encontramos. Estar no caminho espiritual significa que apresentamos toda nossa verdade para Deus, a fim de que o Espírito de Deus ilumine tudo o que estamos lhe apresentando. Deus também iluminará o caos e a escuridão de nosso inconsciente. Quando falamos em via espiritual não estamos nos referindo apenas a um programa espiritual que elaboramos para nós, mas a um processo de transformação. E essa transformação também significa que tudo em nós – até mesmo as profundezas de nosso inconsciente – é permeado pelo Espírito de Deus. Os sonhos nos convidam a apresentar as imagens do nosso inconsciente para Deus, para provocar a transformação pelo Espírito de Deus na profundeza de nossa alma. Aqui não devemos ter medo de nada em nós. Ainda que os sonhos nos revelem muitas coisas caóticas ou cruéis, eles, ao mesmo tempo, nos passam a confortante mensagem: tudo em você pode ser transformado. Nenhum fato em você é realmente perigoso se você o apresenta a Deus. Porque o Espírito de Deus deseja penetrar na profundidade de sua alma, para que tudo dentro de você seja iluminado pela luz de Deus.

Também ganhamos liberdade interior quando consideramos nossos sonhos pela via espiritual. Porque ela nos liberta da predominância da vontade, que pretende nos fazer devotos pela força. Quando o Espírito de Deus penetra nas profundezas de nosso inconsciente, a fé deixa de estar ligada apenas à vontade. Pelo contrário, ela corresponde ao nosso ser mais íntimo. Não devemos mais nos forçar, com nossa vontade, a acreditar; ao contrário, acreditamos partindo da profundeza de nossa alma. A fé corresponde à nossa natureza.

Para nós, os sonhos têm quatro significados, que são brevemente descritos abaixo. E todos os quatro são importantes para o caminho espiritual:

1) Sonhos indicam qual é meu estado atual. Muitas vezes perguntamos uns aos outros: Como você

está? Geralmente, respondemos de modo bastante superficial: Estou bem. A saúde está em ordem. E profissionalmente tudo está indo bem. Mas o sonho responde a essa pergunta por meio de imagens. Sonhamos, por exemplo, com um quarto bagunçado ou um carro que não encontra a estrada que leva adiante. O sonho diz: exteriormente, está tudo bem. Mas, dentro de você, há desordem. Você não está no caminho certo. Você se perdeu de alguma maneira. Não queremos ouvir essas respostas que o sonho nos dá. Mas nos faria bem aceitar a resposta dada pelo sonho ou por Deus à pergunta sobre nosso estado. Ela seria mais honesta do que as respostas que geralmente damos.

2) Os sonhos mostram quais passos devo dar. Eles são muitas vezes um lembrete para vivermos de modo mais consciente e atencioso, abrirmos os olhos. Muitas vezes, elaboramos um programa espiritual como um determinado conceito. Num olhar mais atento, nem sempre é esse programa aquilo de que realmente precisamos. O sonho, contudo, nos diz o que realmente devemos considerar. Acompanhei uma irmã nos exercícios espirituais antes de sua profissão perpétua. Quando indagada sobre o que queria contemplar, ela disse: a comunidade. Pois ali havia problemas. Mas na primeira noite dos exercícios ela sonhou que atravessava uma campina para ir de seu local de trabalho até o convento. De repente apareceu

uma cobra e se enrolou nela. Eu sorri ao ouvir sua narrativa. Disse a ela: "Você pensou que a comunidade é seu problema. Mas o sonho mostra que você deve contemplar um tema diferente antes de se ligar para sempre à comunidade. Você tem de se conciliar com a cobra. Você não pode ir para o convento sem a cobra. A cobra aqui significa a sexualidade e a esfera dos instintos. Você deve entrar no convento com sua sexualidade. Você não pode deixá-la fora. Portanto, o importante aqui é lidar com sua sexualidade e incorporá-la em sua vida espiritual".

3) Os sonhos são, muitas vezes, uma promessa. Sonhos em que aparecem crianças mostram-nos, por exemplo, que algo novo está nascendo em nós, que entramos em contato com nossa imagem original feita por Deus. Os sonhos nos dizem algo que ainda não percebemos conscientemente. Mas muitas vezes eles combinam a promessa com um lembrete. O fato, por exemplo, de eu negligenciar minha imagem original pode se revelar num sonho em que não demonstro o devido cuidado a alguma coisa. Uma mulher sonha que deixou no porão o carrinho em que o bebê estava dormindo. Ela reprimiu o novo no inconsciente, aqui representado pelo porão. O sonho era a promessa: algo novo está nascendo em você. Você entra em contato com a imagem original de Deus em você. Mas ao mesmo tempo o sonho era um lembrete:

lide com cuidado com a criança interior em você. Não o reprima em sua vida cotidiana.

4) Os sonhos são um lugar para a experiência de Deus. Isso é especialmente verdadeiro para os sonhos religiosos; por exemplo, para os sonhos com igrejas, ou sonhos em que surgem símbolos religiosos. Esses sonhos fortalecem minha fé. Eles me dão a certeza de que a luz de Deus está realmente em mim, que Deus está comigo e conduz minha vida. C.G. Jung disse certa vez: "No sonho não há ateus". Sonhos têm símbolos religiosos, como bola, círculo, cruz, luz. Tais sonhos são, com frequência, um presente de Deus para mim, para que eu aprofunde ou redescubra minha fé.

"A linguagem esquecida de Deus"

Todos os sonhos são importantes para o caminho espiritual, não só os sonhos religiosos. Por essa razão, John A. Sanford, ministro anglicano e discípulo de C.G. Jung, chama os sonhos "linguagem esquecida de Deus". Isso significa: o próprio Deus fala comigo por meio dos sonhos. Ele me revela minha verdade. Ele me exorta a percorrer o caminho que corresponde à minha natureza. Ele me mostra que, internamente, já fui mais longe do que indica a situação externa. E o próprio Deus irá fortalecer minha fé através de sonhos religiosos.

Os sonhos são a linguagem esquecida de Deus. Claro, Ele conhece outras linguagens e nos fala de muitas maneiras: Ele fala conosco na Bíblia, por exemplo; e, ao meditar a Palavra de Deus na Bíblia, reconhecemos sua vontade para nós. Mas, no monaquismo antigo, a fala de Deus era vista num horizonte mais amplo. Esses psicólogos monásticos antigos estavam convencidos de que Deus também fala conosco por meio de nossos pensamentos e sentimentos. Ele nos revela nossa verdade. E Deus nos fala por meio de nosso corpo. Justamente por meio das doenças e ameaças ao corpo, Deus quer nos sacudir para que vivamos de acordo com Ele. E finalmente nos fala por meio da natureza e das coisas, que podem se tornar símbolos. O próprio Jesus nos ensinou a linguagem das coisas, quando disse, por exemplo: "Eu sou a videira verdadeira. Eu sou a porta. Eu sou a água viva". Anteriormente, as pessoas sempre viam a natureza como uma revelação de Deus. Ele nos mostra no crescimento e decadência da natureza algo essencial sobre o mistério de nossa vida. E fala para nós por meio das coisas, tal como o anel, em que Ele nos promete que mantém coeso o que é quebradiço em nós e arredonda o que é anguloso. Ele nos fala até mesmo por meio de nossos relacionamentos, revelando-nos a verdade sobre nós mesmos. E até mesmo o trabalho – precisamente para São Bento – é um critério importante para identificar se realmente buscamos a Deus, se nossa vida gira em torno dele ou em torno de nossa própria ambição.

Essas áreas em que Deus nos fala também incluem os sonhos. Tanto para a Bíblia como para a tradição espiritual, eles são um lugar privilegiado de sua fala. Evidentemente existem várias maneiras de entendimento. Posso entender os sonhos – juntamente com a tradição cristã – como linguagem esquecida de Deus, que revela algo de essencial sobre mim. Ou – segundo a tradição taoista – posso entender os sonhos como parábolas, que ilustram para mim a essência da minha condição humana. Nessa visão, a interpretação dos sonhos pode ser semelhante àquela das parábolas. Eugen Drewermann já salientou que a linguagem das parábolas de Jesus se equipara à linguagem presente nos sonhos.

Assim sendo, este livro descreverá os dois modos de ver os sonhos: o cristão-ocidental e o taoista, difundido na Ásia.

Nem todo mundo tem a mesma relação com os sonhos. Mas foi demonstrado por pesquisas que todos sonham, não importando se pela manhã se lembram deles ou não. Obviamente, sonhar faz parte de uma vida saudável. No entanto, alguns sonhos são apenas sonhos que digerem psicologicamente as experiências do dia. Alguns pesquisadores também falam de uma "máquina de lavar" noturna, que limpa o cérebro. São frequentes os danos emocionais para alguém com dificuldades para sonhar. Mas não devemos nos colocar sob pressão para sonharmos o máximo possível. As pessoas são dotadas de maneiras diferentes. Algumas ouvem a voz de Deus nos sonhos, outras a ouvem mais na Bíblia ou no silêncio da meditação. Devemos apenas estar abertos para sua linguagem esquecida que ocorrerá nos sonhos e esperar que Deus nos fale por meio deles. Se repelirmos os sonhos com o preconceito "Os sonhos são espuma", não lhe daremos atenção e permaneceremos surdos à voz que fala conosco durante a noite. Contudo, não devemos fazer julgamentos. Não deveríamos dizer: Quem sonha mais vive mais conscientemente. Todos esses julgamentos são inadequados. Devemos esperar que Deus nos fale em sonhos. Mas devemos deixar tudo o mais em suas mãos.

Outro critério também é importante para uma interpretação cristã dos sonhos: A interpretação não deve provocar medo. Embora o sonho desperte em nós sentimentos de ansiedade ao acordarmos, ainda podemos interpretá-lo para que ele nos mostre um caminho na vida. O sonho nos revela nossa realidade interior. Como linguagem de Deus, ele é sempre uma linguagem que evoca a vida em nós e pode construir uma casa onde nos sentimos à vontade. E não devemos interpretar os sonhos com uma postura moralizante. Porque os sonhos não se atêm à moral. Eles nos mostram como a vida é. E nos mostram um caminho que devemos seguir, de modo que nossa vida seja consistente e corresponda à imagem que Deus fez para cada um de nós. A interpretação dos sonhos deve, portanto, reforçar nossa fé e nossa esperança e capacitar nossa vida para um amor maior.

Conhecimento em imagens:
o poder dos sonhos

Não só a Bíblia e a tradição espiritual valorizavam os sonhos. Muitas pessoas criativas, artistas, pintores e poetas têm um acesso especial a eles. O cineasta Edgar Reitz disse a respeito do personagem principal em seu filme *Die andere Heimat*, um leitor ávido e sonhador numa aldeia de Hesse: "Se o mundo é afinal algo bonito, criado, ele vem da mente de sonhadores e fantasistas. Numa inspeção mais minuciosa, os criadores do mundo são as pessoas sensíveis, que podem imaginar alguma coisa".

E é de Friedrich Hölderlin a frase: "O homem é um rei, quando sonha; um mendigo, quando pensa". No sonho, o homem encontra uma linguagem que corresponde à sua dignidade régia. Nele, o homem não só reconhece seus abismos, mas também o esplendor de seu ser. Porque sua mente está livre, e sua alma ganha asas. Ele entra em espaços régios e mágicos que o deixam respirar livremente e ser criativo. Quando pensa, o homem é um mendigo. Evidentemente, o pensar também corresponde à dignidade do homem. Mas nosso pensamento é também sempre limitado. Há não apenas o pensamento filosófico e teológico, que abre um vasto horizonte, mas também o pensamento cotidiano, que se expressa na linguagem coloquial cotidiana ou na linguagem dos meios de comunicação. E essa linguagem, em comparação com a linguagem rica e colorida dos sonhos, é uma linguagem de mendigos. Nós mendigamos por reconhecimento, ao passo que no sonho o verdadeiro conhecimento nos ocorre em imagens, e um mundo que ainda não existe na realidade torna-se real e provável.

O que Friedrich Hölderlin quis dizer é interpretado de forma maravilhosa por uma antiga história chinesa, transmitida pelo taoista Liezi: Durante toda a vida, um velho servo havia trabalhado duramente para um rei rigoroso. O rei era muito amargo e injusto. Ele queria apenas acumular riquezas e sempre calculava como poderia explorar as pessoas ainda mais. Seu servo também era oprimido e tratado com severidade o tempo todo. Mas o velho servo estava sempre alegre e realizava seu trabalho com zelo, sem reclamar. Por isso, uma vez lhe perguntaram como podia trabalhar tão feliz e contente, apesar de sua vida amarga. Ele disse: "Eu sonho todas as noites que sou um rei e feliz e satisfeito. Sou eu mesmo por inteiro e posso fazer o que quero. Se sou feliz na metade de minha vida, então posso levar uma existência estressante na outra metade. Isso já me deixa contente: sou feliz num sonho. Durante o dia, porém, é tudo cansativo – mas por que eu deveria reclamar? E, como permaneço sereno durante o dia de trabalho duro, à noite sempre posso ter esse belo sonho". Aqui, o servo se torna rei, porque tem tais sonhos. O rei, contudo, é na verdade um servo ou um mendigo, porque não está satisfeito com sua própria vida.

A poeta Ilse Aichinger disse o seguinte sobre outro aspecto do sonhar: "Os sonhos são mais eficazes do que atos ou eventos. Sonhos salvam o mundo da destruição". De fato, quando olharmos para a história da humanidade, muitas vezes foram os sonhos que mudaram o mundo. Tornou-se famoso o discurso de Martin Luther King perante centenas de milhares de pessoas no Lincoln Memorial em Washington: *I have a dream*. Ao apresentar sua visão de uma nova convivência de negros e brancos durante o conflito racial nos Estados Unidos, ele também levou essa cooperação para mais perto da realização. Nesse sentido, quando falamos de sonhos não estamos nos referindo a um sonho noturno, mas à concepção consciente de um mundo melhor, que antecipa a realidade, tal como é, e a transcende. Mas, com frequência, esses sonhos e ideias conscientes têm sua base em sonhos noturnos e imagens pré-conscientes. Nos sonhos mais coisas são possíveis do que imaginamos na realidade. Se acreditamos nesses sonhos e no poder dessas imagens, adquirimos uma enorme força explosiva. Elas podem mudar a face da terra. Os sonhos que expressamos também aproximam outras pessoas de seus sonhos e anseios. Assim elas desenvolvem uma dinâmica e disso, finalmente, nasce um movimento. Dom Hélder Câmara, arcebispo de Recife no Brasil, exprimiu essa ideia da seguinte maneira: "Se alguém sonha sozinho, é apenas um sonho. Se muitos sonham juntos, é o começo de uma nova realidade". Mas nem sempre é fácil expressar os sonhos e transformá-los em realidade. O confrade de Hélder Câmara, Oscar Romero, teve de pagar com a vida por seu sonho de um mundo mais justo e melhor: Durante um sermão, ele foi assassinado por um pistoleiro a mando de poderosos. Mas o sonho de um mundo mais justo não está morto. Se alguém expressa seu sonho e o compartilha com outros, ele os incentiva a sonhar com ele e, assim, mudar a consciência no mundo. E uma mudança de consciência pode também iniciar uma mudança no mundo real.

A poeta Ilse Aichinger está convencida de que os sonhos salvam o mundo da destruição. Nos sonhos reside um potencial de esperança que supera as fantasias de ruína que certas pessoas têm. Fantasias de ruína são sempre expressão do desespero de quem as cultiva. Ele se sente esgotado e, por isso, fantasia o fim do mundo para não admitir seu colapso pessoal. Tais fantasias de destruição são um sorvedouro para almas destrutivas. Por isso, temos com os nossos sonhos uma responsabilidade pelo mundo, para que não se arruíne, mas continue sendo, também no futuro, um bom *habitat* para os humanos.

É possível ter uma compreensão diferente a respeito da palavra de Ilse Aichinger: No sonho, nós nos retiramos para um mundo diferente, um mundo além das ações. E esse mundo interior é bom para nós. Ele também nos previne de nos diluirmos em ativismo. À noite, temos um lugar de refúgio nos sonhos. Mergulhamos em outro mundo, para que possamos resistir a esse mundo da realidade cotidiana, que muitas vezes nos confronta com hostilidade. O sonho nos mostra que devemos arranjar tempo para outras coisas além dos afazeres cotidianos. No sonho o mundo interior se revela. Descobrimos a raiz divina de nossas almas. E é isso que nos faz bem.

A seguir, vou inicialmente investigar o significado dos sonhos na Bíblia e na tradição espiritual, para, depois, considerar algumas asserções da psicologia moderna sobre os sonhos. Só então contemplarei alguns sonhos e imagens oníricas, mas sempre com a consciência de que não há uma interpretação objetiva para os sonhos. Quando uma pessoa nos narra seu sonho é impossível lhe dizer exatamente o que esse sonho significa. Podemos compartilhar com ela apenas nossas impressões e associações. Isso pode ajudar o sonhador a ter melhor compreensão de seu sonho. Mas, para nós, é importante a atitude que C.G. Jung exige durante a narração de um sonho: o sonho é uma obra de arte. Quando o contemplo, inicialmente não entendo nada. Posso apenas contemplar a obra de arte, girar ao seu redor. Então, ela pode se abrir para mim. Mas essa abertura ocorre sempre no diálogo com o sonhador. E o sonhador deve confiar em seu próprio sentimento ao ouvir minhas palavras exteriores. Só deve tentar compreender o sonho onde se sentir tocado. Quando lhe mostro conexões que, apesar de interessantes, não lhe dizem nada, ele pode se consolar convencido de que tais conexões não estão associadas a seu sonho.

2
Verdade, direção, promessa
O sonho na Bíblia

O sonho no Antigo Testamento

Tanto o Antigo quanto o Novo Testamento relatam vários sonhos em que Deus fala ao homem. Abaixo abordaremos brevemente alguns sonhos para, acima de tudo, mostrar seu efeito. Eu gostaria de me basear nos sonhos da Bíblia para lançar um olhar sobre nossos sonhos de hoje.

Gn 28,10-22 fala de um sonho de Jacó. Jacó está fugindo de seu irmão Esaú. No deserto, ele toma uma pedra como travesseiro e sonha: "E eis era posta na terra uma escada cujo topo tocava nos céus; e eis que os anjos de Deus subiam e desciam por ela. E eis que o Senhor estava em cima dela e disse: Eu sou o Senhor, o Deus de Abraão, teu pai, e o Deus de Isaac. Darei a ti e à tua descendência esta terra em que estás deitado".

O sonho indica a situação de Jacó. Vista de fora, ela parece desesperadora. Ele está em fuga e tem medo de seu irmão. Mas o sonho lhe mostra que Deus está com ele e o abençoa. Assim, o sonho tem um efeito terapêutico e positivo sobre Jacó. Ele pode enfrentar a vida sem medo. Agora pode trilhar seu caminho com inteira confiança, porque tem certeza da proximidade de Deus, a qual o liberta do poder dos homens. Quando acorda, ele reconhece: "De fato, o SENHOR está neste lugar, e eu não sabia disso" (Gn 28,16). O próprio Deus fala em sonho a Jacó e lhe promete descendentes e grandes posses. Acima de tudo, Ele lhe promete que estará com ele: "E eis que estou contigo, e te guardarei por onde quer que fores, e te farei tornar a esta terra, porque te não deixarei, até que te haja feito o que te prometi" (Gn 28,15).

O sonho mostra a Jacó uma realidade diferente da que ele experimenta. A fuga e o medo de Esaú constituem seu mundo consciente. Mas por trás dele se esconde a coisa real: Deus, que o acompanha e o circunda. Jacó precisa de um sonho para perceber isso. O sonho lhe mostra que ele experimenta a bênção de Deus em meio à sua angústia, em meio ao medo do irmão Esaú.

As pessoas hoje também têm sonhos semelhantes a esse narrado pela Bíblia a respeito de Jacó. São sonhos de promessa. Muitas vezes ouvimos uma mensagem no sonho. Não sabemos de onde vem. Ela aparece de repente. E, muitas vezes, essa mensagem nos indica um caminho. Ou nos faz uma promessa. Um homem me disse que sonhou que se encontrava num caminho pela floresta. De repente, uma voz é ouvida:

"Está tudo bem". Ele olha ao redor para ver quem disse a frase. Mas não vê ninguém. Era apenas uma mensagem. Mas essa mensagem é como a promessa que Jacó ouviu de Deus em seu sonho sobre a escada para o céu.

Também poderíamos entender como sonho a luta noturna de Jacó com o homem escuro – é um anjo, é o próprio Deus, ou apenas um homem escuro? (Gn 32,23-33). Durante a noite, Jacó luta com um homem escuro. É uma luta de vida ou morte. Às vezes temos sonhos em que travamos essa luta. Somos perseguidos e deparamos com ela. O sonho quer dizer então que estamos num processo de enfrentar nossa própria sombra. E a sombra torna-se uma bênção para nós. Mas a luta de Jacó não se refere apenas à sombra que carregamos dentro de nós, mas também às aflições de nossa vida. Jacó vivencia estar sendo atormentado por um homem escuro. São frequentes os obstáculos que se levantam contra nós em nossa vida. Mas – assim nos diz o sonho: No meio da angústia, no meio da dificuldade extrema, também vivenciaremos a bênção de Deus tal como Jacó. Os chineses falam da aflição como uma "bênção disfarçada". Não encontraremos bênção enquanto permanecermos em nosso medo, presos em nossa aflição. Mas o sonho nos revela que, no meio de nossa aflição, estamos cercados pela bênção de Deus. Desse modo, a aflição é, em última análise, uma "bênção disfarçada" – talvez além de nossa capacidade de reconhecimento. O sonho nos mostra essa bênção, que se torna visível por trás da figura escura de angústia e nos acompanha em nosso caminho. Por trás da fachada superficial e ofuscante, reconhecemos no sonho aquilo que sempre nos acompanha: a bênção de Deus, que nos envolve como um manto protetor.

Algumas pessoas se assustam quando sonham com perseguição, luta ou guerra. Esses sonhos muitas vezes se referem às lutas internas que travamos conosco, com nosso lado escuro, e à guerra que ocorre em nós. O sonho de Jacó na Bíblia está nos dizendo: nem mesmo esses sonhos com lutas são sonhos ruins, ou sonhos que possam nos assustar; ao contrário, são sonhos que nos prometem que a bênção de Deus está em toda a parte, especialmente onde experimentamos angústia e sofrimento.

Os sonhos desempenham um papel importante na história de José. De início, o próprio José sonha; depois, ele interpreta os sonhos do faraó. José sonha que os feixes se dobram diante dele e que o sol, a lua e as estrelas se prostrarão perante ele (Gn 37,5-11). No sonho, ele – o filho mais novo, que não vale nada – *vê* quem ele realmente é. O sonho mostra-lhe sua vocação, seu tamanho e seu talento. Mas também o isola. Pois seus irmãos se ressentem de seu sonho, da singularidade de José. Eles têm a impressão de que o seu irmão caçula quer, por meio do sonho, colocar-se acima deles. Desse modo, a narração do sonho tem inicialmente um efeito negativo para José. Mas os irmãos não podem impedir a realização de seu sonho. Justamente ao tentar matá-lo, eles se tornam agentes de sua promessa. Para José, o sonho é um companheiro em todas as suas angústias e aflições. Ele sabe que a prisão não é a verdadeira realidade, mas que Deus, através de todos os desvios, apenas cumpre o que lhe prometeu em sonho. O sonho dá a José a confiança para não desistir, mas para continuar lutando, com a esperança no socorro divino. Embora sua vida pareça sem esperança, enquanto ele se encontra impotente na cisterna e mais tarde se vê exposto à arbitrariedade da prisão, José ainda se agarra à crença de que Deus tem planos para ele.

As pessoas que eu acompanho espiritualmente me narram sonhos semelhantes. Externamente, elas estão presas na depressão. Encontram-se na cisterna escura, tal como José. E têm a impressão de que nenhuma luz chega lá, de que tudo está perdido. Mas eis que sonham com uma luz. Não veem nada senão uma luz brilhante, quente. Não conseguem interpretar o sonho; tampouco precisam interpretá-lo. Pois o sonho deixa nelas um sentimento de segurança e de brilho. O sonho transforma sua depressão. Não que a depressão simplesmente desapareça. Mas quando se lembram do sonho e "visualizam" a imagem dele, o escuro se transforma, e elas adquirem nova confiança.

Na prisão, José interpreta os sonhos de seus companheiros de cela. Pela manhã, ele os vê abatidos (Gn 40,6). Os sonhos têm um efeito sobre as pessoas. Depois de alguns sonhos, acordamos felizes e confiantes; depois de outros, sentimo-nos exaustos, acordamos em pânico e passamos o dia todo inquietos e tristes. Aqui também vemos algo similar: os prisioneiros, conforme lemos, estavam insatisfeitos porque não podiam interpretar seus sonhos. Quando não conseguimos extrair nada deles, embora suspeitemos que queiram dizer algo importante, ficamos atônitos e deprimidos. José diz aos prisioneiros: "Não são de Deus as interpretações?" (Gn 40,8). Se Deus fala conosco em sonho, então apenas Ele pode interpretar para nós o que quer dizer com as imagens oníricas. Precisamos de oração para reconhecer o sonho. Não avançamos quando nos limitamos aos livros de psicologia; por isso, devemos falar com Deus sobre o que Ele realmente quer nos dizer.

José faz uma interpretação positiva do sonho do copeiro-mor, mas o padeiro-mor recebe uma interpretação negativa. O copeiro-mor será reintegrado em sua posição; o padeiro-mor será enforcado em três dias. Portanto, os sonhos não são apenas positivos. Eles podem nos dizer a verdade sobre nós mesmos, mesmo que ela seja perigosa, até mesmo mortal. Mas, justamente desse modo, eles podem nos conduzir à verdade e transformar nossa vida. Os falsos profetas no Antigo Testamento fornecem sempre uma interpretação positiva para todos os sonhos, enquanto os verdadeiros profetas anunciam a verdade, porque apenas a verdade liberta.

O copeiro-mor, depois de sua libertação, esqueceu José e sua interpretação dos sonhos. Ele se lembrou dos escravos judeus apenas dois anos depois, quando o faraó teve o sonho das sete vacas gordas e das sete magras, das sete espigas cheias e das sete espigas secas, e os sábios do Egito não puderam interpretar tal sonho. Ele disse ao faraó que a interpretação dada por José aos sonhos dos prisioneiros tinha se realizado. Então, o faraó mandou chamar José. Este interpretou ambos os sonhos para o faraó: "O que Deus há de fazer, mostrou-o ao faraó. E eis que vêm sete anos, e haverá grande fartura em toda a terra do Egito. E, depois deles, levantar-se-ão sete anos de fome, e toda aquela fartura será esquecida na terra do Egito, e a fome consumirá a terra" (Gn 41,28-30).

A interpretação dos sonhos por José permite ao faraó reagir adequadamente à situação econômica. O sonho é, portanto, um auxílio para lidar adequadamente com a realidade externa. Ele nos faz sábios, direciona nosso olhar para além dos acontecimentos cotidianos, rumo ao futuro. Mas o futuro não está simplesmente definido. O propósito do olhar para o futuro é que eu me posicione em relação a ele e reaja da maneira adequada. Na história de José, os sonhos têm a função de nos confrontar com a verdade de nossa vida e nos desafiar a enfrentar a verdade e responder a ela corretamente. Eles pretendem abrir nossos olhos para o futuro, de modo que nos alinhemos a ele.

O faraó alinha sua política de acordo com os sonhos. No Antigo Testamento, um bom político era alguém que ouvia seus próprios sonhos e sabiam interpretá-los. Hoje a política é muitas vezes um negócio diário. Precisamos também de políticos que tenham sonhos e confiem neles. Isso, com certeza, seria para o bem do país e de todo o mundo. O faraó não orienta sua política simplesmente por sua própria vontade, mas pela vontade de Deus. Ele perguntou a Deus como deveria governar seu povo. E Deus falou com ele em sonho.

Os israelitas estavam convencidos de que Deus fala conosco durante o sonho. No Livro dos Números o próprio Deus lhes diz: "E disse: Ouvi agora as minhas palavras; se entre vós houver profeta, eu, o Senhor, em visão a ele me farei conhecer ou em sonhos falarei com ele. Não é assim com o meu servo Moisés [...]. Boca a boca falo com ele, e de vista, e não por enigmas; pois ele vê o semblante do Senhor" (Nm 12,6-8).

Portanto, Deus fala conosco em sonhos, mas é uma linguagem obscura, uma linguagem enigmática. Mas temos de ouvir os sonhos, se quisermos ouvir o que a Palavra de Deus tem para nós, se quisermos saber como viver corretamente. Em nossa vida consciente, muitas vezes somos cegos e surdos a Deus. Ignoramos o que Ele quer nos dizer. Ouvimos apenas nossos próprios pensamentos ou os das pessoas ao nosso redor. Mas não escutamos a voz de Deus. Ele deve, então, tornar-se perceptível em nossos sonhos. Assim, os sonhos são sagrados para o povo de Israel, porque nos sonhos Deus nos toca e dirige a palavra a nós. Mas Ele não apenas fala, como também aparece em visões. Quando a Bíblia se refere a visões, ela não está falando de eventos extraordinários, eventos que poderíamos registrar em filmes. Trata-se sempre de fenômenos para os humanos: fenômenos que se fazem sentir em nossa psique e que podemos perceber com nosso olho interior. Não são fantasias, mas ocorrências, tal como os sonhos, que de fato nos ocorrem e que não somos nós mesmos que imaginamos. Tanto no Novo como no Antigo Testamento, Deus muitas vezes se mostra em visões. No sono, nos sonhos, o véu pode ser tirado de nossos olhos, e nós reconhecemos claramente. Vemos, de uma vez, qual é o mistério mais profundo de nossa vida.

Um sonho fundamental no Antigo Testamento é o que ocorre ao Profeta Samuel. Deus fala a Samuel no meio da noite. Ele ainda é uma criança e dorme no distrito do templo. Ali ele acorda três vezes porque Deus o chama. Três vezes ele não entende a voz. Ele vai sempre ao encontro do sacerdote Eli. Este leva os sonhos da criança a sério e lhe diz que deve responder à voz do Senhor: "Fala, Senhor, porque o teu servo ouve" (1Sm 3,9). Essa passagem se tornou uma experiência crucial para o clérigo Morton Kelsey. Ele sofria de insônia e, por essa razão, procurou um terapeuta para se livrar dela. O terapeuta lhe perguntou se ele já havia pensado se Deus queria falar com ele quando não conseguia dormir. E o terapeuta se lembrou de Samuel. Deveríamos seguir o exemplo de Samuel e dizer: "Fala, Senhor, porque o teu servo ouve". O clérigo seguiu esse conselho. E, desde então, diz ele, as horas em que não consegue dormir são as mais importantes. As melhores ideias para seus livros lhe ocorrem durante a noite. Ele ouve o que Deus quer lhe dizer. Ele mantém perto de si um caderno para anotar os principais pensamentos. Nesse processo, o sono não lhe faz falta. Ele não se sente exausto na parte da manhã. A noite é algo sagrado para ele, porque é o local de suas experiências mais intensas de Deus. Deus também quer falar conosco durante a noite. Então, quando colocamos de lado o caderno, Ele pode chegar até nós mais facilmente. Mas são necessários respeito e vigilância interna, para ouvirmos sua palavra no meio da noite.

Também é impressionante o sonho de Saul: pouco antes da morte, Saul percebe que Deus não fala mais com ele. Ele está em desespero, porque não sabe mais o que fazer e quais medidas são corretas. Desesperado, ele procura uma necromante e manda invocar o falecido Samuel para que este lhe mostre o caminho. Quando Samuel o repreende, Saul responde: "Angustiado estou, porque os filisteus guerreiam contra mim, e Deus se tem desviado de mim e não me responde mais, nem pelo ministério dos profetas, nem por sonhos; por isso, chamei a ti, para que me faças saber o que hei de fazer" (1Sm 28,15).

Como os sonhos de Saul se desviaram dele, ele não tem mais orientação. Nos sonhos, Deus sempre lhe mostrava o caminho. Ele reconhecia o que era certo não por pura reflexão, mas ao escutar Deus. E Deus lhe falava por meio de outras pessoas, os profetas ou por sonhos. Mas não podemos forçar os sonhos, eles são um dom de Deus. Se Deus fica em silêncio no sonho, nós nos sentimos desorientados. Nossas crenças mais profundas, que nos sustentam, não provêm de deliberação racional, mas têm raízes mais profundas. E uma das raízes é o sonho que nos dá uma certeza interior sobre o que é verdadeiro para nós. Segundo essa passagem, ouvir os sonhos não é algo supersticioso, mas uma forma de temor a Deus. Porque contamos com Deus em nossos sonhos, devemos prestar atenção a eles. E ficamos contentes quando, no sonho, Ele nos diz quais passos são necessários para nós agora. As imagens oníricas nos fornecem a direção que nós mesmos, então, devemos seguir.

Evidentemente, no Antigo Testamento não há apenas declarações positivas a respeito dos sonhos. Os livros sapienciais, por exemplo, são céticos sobre os sonhos. Eles confiam mais na inteligência e na sabedoria humanas. O Eclesiástico diz: "Os sonhos conduziram muitos a erros; por crerem neles, arruinaram-se" (Ecl 34,7). No entanto, o mestre de sabedoria também espera que Deus envie às pessoas um sonho como aviso. Mas ele adverte contra a possibilidade de, em virtude dos sonhos, acreditarmos em algo que não corresponde à realidade.

Sonhos no Novo Testamento

No Novo Testamento, o sonho desempenha papel importante, especialmente em Mateus. O nascimento de Jesus é acompanhado por sonhos. Certamente não é por acaso que é José quem sonha com frequência. O José em Mateus nos faz lembrar a história de José do Antigo Testamento. Mateus vê Jesus como o novo Moisés. Deus também fala diretamente com Jesus, tal como com Moisés. José, marido de Maria, cumpre, em última análise, o que o José do Antigo testamento experimentou por meio do sonho. Sonhos determinam as ações de José. Ele cria um espaço de proteção em que Jesus pode crescer. O José do Antigo Testamento criou para seu pai, Jacó, e para todo o povo de Israel por 400 anos um espaço de proteção, em que o povo se tornou aquilo para o que Deus desejou constituí-lo.

Mateus se refere a cinco sonhos. O número "cinco" é de grande importância para Mateus. Na árvore genealógica cinco mulheres são especificamente mencionadas. Cinco é o número de Vênus, do amor, que substitui a lei. Cinco representa a união da mulher (= dois) e do homem (= três). O cinco é também o número da transposição para o Divino, em direção ao Uno que permeia todas as coisas terrenas. Aplicando esse simbolismo numérico aos cinco sonhos na história do nascimento em Mateus, podemos dizer: Os sonhos unem em nós o masculino e o feminino. Os sonhos não seguem leis; eles põem as pessoas em contato com a fonte do amor. E apontam para o fundamento de todo ser. Posteriormente isto é chamado por C.G. Jung *unus mundus* (mundo uno), que está presente como fundamento em meio a todas as diferenças. No sonho, temos uma parte nesse mundo uno, no solo de raízes de todo ser. Portanto, no sonho estamos unidos com tudo. No sonho, os limites de espaço e tempo são transpostos.

Nos sonhos relatados por Mateus, um anjo sempre aparece a José – ou aos magos – e transmite a mensagem de Deus. Se comparamos a história do nascimento em Mateus com a do nascimento em Lucas, vemos com clareza: Em Lucas, o anjo aparece a Zacarias, um homem, em seu serviço no templo. Mas esse homem não ouve o anjo. Ele tem seus argumentos racionais para se desviar dele. Por outro lado, Maria, mulher, se envolve com o anjo. Ela tem sensibilidade para o que o anjo quer lhe dizer. Pode-se dizer que, no caso do homem, o anjo só tem uma chance quando se mostra para ele em sonhos. Pois, no sonho, o crítico interior do homem está desligado. Ele não pode se desviar da mensagem do anjo. É verdade, ao acordar, ele pode reprimir o sonho. Mas há sonhos que, justamente, não conseguimos reprimir porque são demasiado intensos. Ao que parece, foram esses sonhos que José teve.

O primeiro significado do sonho na história do nascimento em Mateus é o seguinte: O anjo, no sonho, indica o evento que José não consegue entender racionalmente. José sabe que sua esposa está grávida, mas não dele. Então ele quer deixá-la silenciosamente. Ele quer ser misericordioso com ela, fazer-lhe justiça. Essas são suas reflexões. Mas, em meio a todas estas considerações, o anjo interpreta para José o que está acontecendo com Maria: "José, filho de Davi, não temas receber a Maria, tua mulher, porque o que nela está gerado é do Espírito Santo" (Mt 1,20). No sonho, José entende o que aconteceu. Sua esposa não cometeu adultério. Algo sagrado lhe aconteceu, algo que o próprio Deus produziu nela. Mas o sonho também é um comando. E José segue o comando. Ele acolhe sua esposa. Ele dá à criança um abrigo. E esse abrigo também é objeto dos outros quatro sonhos – o sonho dos "astrólogos" e dos três outros sonhos que José teve.

Quando a criança divina nasceu, os astrólogos partiram do Oriente para adorar o menino. Eles também dão ouvidos aos sonhos. Mas eles ligam seus sonhos à ciência das estrelas e ao seu conhecimento histórico. Desse modo, eles chegam ao seu destino. A estrela mostra-lhes o caminho, eles procuram pela criança em Jerusalém. E quando a encontram, eles se prostram e a adoram. No sonho, Deus lhes avisa que devem retornar para casa por um caminho diferente. E eles obedecem, tal como José, a quem novamente um anjo aparece em sonho para exortá-lo a fugir para o Egito. O sonho salva a criança da violência de Herodes. No Egito, José tem outro sonho. Novamente, é um anjo que lhe aparece em sonho e lhe diz que Herodes morreu (Mt 2,19s.). José segue o sonho e se dirige para a terra de Israel. No caminho, ele sonha novamente. O sonho lhe dá o comando para não retornar à Judeia, mas à Galileia. Assim, os sonhos não apenas determinam as ações de José, mas também o destino de Jesus. Eles protegem Jesus dos perigos externos. Essa é também uma mensagem para nós hoje.

Os sonhos frequentemente nos mostram o que devemos fazer e como devemos nos comportar, a fim de proteger a criança divina dentro de nós. Eles nos fornecem um abrigo, de modo que a criança interior possa crescer em nós até ter força suficiente para enfrentar a realidade.

José obedece a seus sonhos; mas Pilatos não ouve o sonho de sua esposa, que lhe diz que Jesus é inocente e lhe pede que mantenha suas mãos longe desse homem (Mt 27,19). O julgamento não pode provar se Jesus é culpado ou não. Mas o sonho da mulher mostra claramente sua inocência. Ou seja, no sonho muitas vezes reconhecemos a essência de um ser humano. Nossa visão consciente depende fortemente das coisas externas. E, com bastante frequência, ela é obscurecida por nossas projeções. No sonho, Deus nos diz quem o outro realmente é e como devemos nos comportar em relação a ele. Mas o homem Pilatos tem dificuldade em confiar no sonho de sua esposa e segui-lo. Mateus nos diz que os homens têm dificuldades para ouvir os sonhos. As mulheres estão mais dispostas a confiar nos sonhos. A única exceção é José. Ele confia no anjo que lhe aparece várias vezes em sonhos.

Em Lucas, os sonhos desempenham papel importante, especialmente no Livro dos Atos dos Apóstolos. Os sonhos possibilitam a missão aos gentios, e a expansão da missão para a Europa. A missão aos gentios é iniciada por dois sonhos. O centurião Cornélio sonha com o anjo que lhe diz que envie alguns homens a Pedro para levá-lo à sua casa (At 10,3). Ao mesmo tempo, Pedro tem uma visão de um grande lençol com animais quadrúpedes. E ele recebe o comando para comer dos animais quadrúpedes, o que era estritamente proibido a um judeu (At 10,9ss.). Pedro não entende a visão. Está perplexo. Nesse momento, os homens de Cornélio batem em sua porta e lhe pedem que vá com eles. Sem o sonho, Pedro, ainda totalmente preso ao legalismo judeu, nunca teria ido ao encontro dos gentios. Mas o sonho rebentou a estreiteza de seu pensamento e o encorajou a batizar os gentios. Ele oferece o sonho como justificativa para suas ações. Esse incidente mostra a extrema importância do sonho na Igreja primitiva. O sonho determina o curso da missão. Ele rompe a resistência humana e fornece espaço para o trabalho divino em pessoas que, por si sós, são bastante estreitas. Ele amplia seus horizontes e as conduz a uma ação incomum.

Em meus acompanhamentos espirituais, tenho visto repetidamente que as pessoas sonham com imagens que rompem seu pensamento estreito. Um homem relatou um sonho em que dois homens, um velho e um jovem, desmaiam e são colocados no centro. Em seguida aparece na sala uma mulher grávida, que também é colocada no centro. Ele fica entre os homens agonizantes e a mulher grávida. Então percebe que seus sentimentos de culpa foram, muitas vezes, um empecilho à sua vida. O sonho lhe dá a coragem de optar pela vida – pela mulher grávida. Todas as admoestações para lidar melhor consigo mesmo não puderam dissolver seus sentimentos de culpa. Mas o sonho o encorajou a confiar na vida.

Uma visão noturna de Paulo também mostra como os sonhos determinam as ações da Igreja primitiva. Um macedônio lhe aparece num sonho e lhe pede: "Passa à Macedônia e ajuda-nos"! (At 16,9). E Paulo aceita o convite porque está convencido de que Deus o chamou para pregar o Evangelho lá. Desse modo, a missão na Europa começou em virtude de um sonho. Vemos, portanto, que uma decisão de tão longo alcance na história da missão não foi tomada com base em considerações estratégicas conscientes, mas por causa de um sonho. É também certamente um sonho que leva Paulo a Roma. Quando os marinheiros já haviam perdido toda a esperança durante a tempestade no mar, um anjo aparece a Paulo em sonho e lhe mostra o resgate. Cheio de confiança, Paulo anuncia seu sonho a toda a tripulação, que também lhe dá ouvidos (At 27,22-26). Naquela época, as pessoas também levavam os sonhos a sério. Hoje alguém seria ridicularizado se pretendesse basear num sonho sua certeza de salvação.

No Livro de Atos, há outra passagem importante sobre os sonhos, a saber, o sermão de Pentecostes de Pedro. Pedro lembra ao povo a promessa do Profeta Joel: "Eu derramarei o meu Espírito sobre toda a carne. Vossos filhos e vossas filhas profetizarão, vossos jovens terão visões, os vossos anciãos terão sonhos" (At 2,17 = Jl 3,1s.). Ter sonhos é, portanto, obra do Espírito. O próprio Espírito Santo nos envia sonhos e visões. No sonho se encontra a promessa de que o Espírito de Deus age em nós e nos transforma cada vez mais no povo que Deus pensou para si.

Significado triplo

Portanto, o sonho na Bíblia tem um significado triplo. Em primeiro lugar, ele me revela a verdade sobre mim mesmo e sobre outras pessoas, sobre o meu estado pessoal e sobre o mistério da minha vida, mas também sobre a situação política e religiosa de uma comunidade ou um indivíduo. O sonho corrige e complementa minha visão consciente, mas também abre horizontes inteiramente novos. Ele faz a realidade aparecer em sua verdadeira luz. Deus então me mostra, em sonho, a verdade; Ele afasta do véu que está sobre a realidade. Mas o sonho também é lugar de encontro direto com Deus. Deus não somente envia mensagens acerca da realidade, mas vem ao nosso encontro; Ele luta conosco tal como na luta noturna com Jacó (Gn 32,23-33); Ele se mostra, aparece em visões e se deixa ver em imagens oníricas.

O segundo significado dos sonhos bíblicos é a orientação concreta. Deus nos indica no sonho o que devemos fazer e qual caminho trilhar. Ele nos mostra como devemos decidir; ajuda-nos a encontrar uma orientação em nossa vida. Na instrução clara há algo libertador, único. Quando Deus dá uma ordem num sonho, não temos escolha a não ser obedecer, mesmo que não vejamos sentido na orientação. O sonho não é um jogo intelectual; ao contrário, ele nos diz respeito incondicionalmente. Ele tem impacto sobre o que fazemos; ele se realiza em atos concretos neste mundo. De fato, ele determina importantes decisões e desenvolvimentos históricos. Ele põe em marcha um evento que tem consequências de longo alcance para todas as pessoas. Nos sonhos, Deus intervém na história e a dirige de acordo com seu propósito e vontade. E Deus muitas vezes, nos sonhos, supera nossa resistência inconsciente contra sua vontade, em relação ao que agora pode conduzir à vida e à salvação.

O terceiro significado do sonho na Bíblia é a promessa. O sonho promete-nos que o próprio Espírito Santo age em nós. O sonho – diz-nos o texto de At 2,17-21 – nos indica que Deus opera o milagre da transformação em nós mesmos. O sonho nos mostra como podemos experimentar cura e salvação, redenção e libertação. O sonho é a promessa de que tudo vai ficar bem, que nossa vida será bem-sucedida. O sonho nos mostra que Deus está conosco e age sobre nós, para nossa bênção e salvação.

3
Experiência de Deus e autorreferência
O sonho na tradição espiritual

Os Padres da Igreja: inspiração e força por meio dos sonhos

Com base na tradição grega e bíblica, a Igreja primitiva atribuía uma função positiva ao sonho. Orígenes, um dos teólogos mais importantes da Igreja primitiva (185-254), ligou a fé bíblica à filosofia grega e tentou explicar as asserções da Bíblia de um modo que pessoas educadas na cultura grega também conhecessem a sabedoria da fé cristã. Ele constata que muitas pessoas eram conduzidas para o cristianismo em virtude de sonhos e visões. O sonho pode, portanto, levar um indivíduo a Deus. E havia também os sonhos que lhe abriram os olhos para a fé, a ele, um grego com formação filosófica. Tertuliano, um dos Padres mais importantes da Igreja latina (160-220), adota em seu livro sobre a alma a mesma visão de sonhos que encontramos no grego Orígenes: "Não é de todos conhecido o fato de que a melhor maneira de Deus se revelar ao homem é pelos sonhos?" Os sonhos também desempenham um papel significativo nos *Atos dos mártires*. O ancião Policarpo, que ainda era discípulo do evangelista João (68-156), sonha três dias antes de sua morte que seu travesseiro estava em chamas. Ele vê isso como uma referência à sua morte nas chamas do fogo. No relato sobre o martírio de Perpétua e Felicidade, duas romanas que confessaram sua fé perante o governador romano, uma série de sonhos é contada. Os sonhos mostram a ambas o que elas têm de sofrer e o que lhes aguarda junto a Deus. Eles, portanto, lhes dão força para resistir ao martírio. Nos sonhos, o próprio Deus as fortalece e conforta.

Os Padres gregos foram influenciados pela grande estima que os sonhos desfrutavam em seu entorno. Eles reúnem as duas fontes das quais bebem: a Bíblia, que fala de sonhos, e a medicina popular grega, que conhece muitos livros acerca de sonhos. A medicina popular grega incluiu a interpretação dos sonhos. Gregório Nazianzeno (329-389), um dos mais importantes teólogos do século IV, disse uma vez "que recebeu a maioria de suas inspirações ao sonhar". Ele, o teólogo, obtém sua inspiração não só da Bíblia, mas também nos sonhos. Isso pode soar estranho. Mas posso confirmá-lo por experiência própria. Um exemplo: eu realmente recebi em sonhos alguns impulsos para escrever um livro. Certa noite, quando voltava de uma viagem aos Estados Unidos, sonhei que deveria escrever um livro sobre depressão. No sonho eu já vislumbrei sua estrutura, e as ideias mais importantes também se tornaram claras para mim. Ao acordar, contudo, já não era tão claro como eu deveria organizar o livro. Apesar disso, resolvi me dedicar ao projeto. Outra vez, sonhei que devia dar uma palestra para cuidadores de almas. Eu não tinha manuscrito algum. Mas no sonho o tema da minha apresentação veio à mente: "Caminhos para uma espiritualidade transformadora". Nas reflexões durante o sonho, eu queria desenvolver essa espiritualidade em resposta à espiritualidade moralizante que nos oprime, mas também em resposta à espiritualidade consoladora que nos embala e nos leva à regressão. E quando olho meu diário de sonhos, descubro que há muitos temas que me visitaram nos sonhos. Muitos desses temas foram incorporados aos meus livros. Mas também conheço outros sonhos. Tive, por exemplo, um sonho em que devia realizar uma homilia de primeira missa. Mas, ao colocar as vestes sacerdotais na sacristia, percebo que esquecera o manuscrito do sermão já preparado e não sabia mais exatamente o que havia escrito. Tal sonho é um convite para pensar novamente sobre a natureza do sacerdote. O que devo dizer hoje sobre isso? Obviamente, o sonho me diz que as coisas escritas já não são válidas e eu tenho de desenvolver novos pensamentos.

Na literatura chinesa encontramos algo similar ao que Gregório Nazianzeno escreve sobre sua inspiração vinda dos sonhos. O famoso poeta chinês Li

Bai diz sobre si mesmo: "Quando era jovem, eu tive um sonho. No sonho, eu escrevia num livro. E, justamente onde eu escrevia, 'floresceram flores' de lótus. Onde minha pena tocava, havia flores de lótus". A flor de lótus se fecha à noite e se retira para dentro da água. Ao nascer do sol se abre. Por isso, é um símbolo da luz da sabedoria, mas também da criação. Esse sonho das flores de lótus que adornavam todas as suas palavras escritas inspirou de tal forma Li Bai que ele passou a escrever de nova maneira, com criatividade e beleza a um só tempo. Após esse sonho, ele se tornou cada vez mais famoso como poeta. O sonho o pôs em contato com as habilidades mais profundas que Deus lhe deu.

O livro dos sonhos de Sinésio

De modo semelhante a Gregório Nazianzeno e ao poeta chinês Li Bai, o bispo grego Sinésio de Cirene também deve aos sonhos *insights* essenciais. Ele também escreveu extensamente sobre sonhos em seu livro. Sinésio é uma figura especial da Igreja primitiva (370-413). Esse homem erudito e literário foi eleito bispo de Ptolemais, embora tivesse nítidas reservas contra o cristianismo eclesiástico. Ele combina filosofia neoplatônica e cristianismo. Nele se mesclam cultura grega e fé cristã. Seus escritos também incluem um tratado filosófico *sobre os sonhos*. Sinésio se acha na tradição dos livros gregos sobre sonhos de Artemon de Mileto ou Artemidoro de Daldis. Ele recomenda manter um diário de sonhos. A interpretação dos sonhos "oferece a possibilidade de nos protegermos a tempo de males, doenças, de desfrutarmos a felicidade futura duplamente em antecipação; ajuda na caça, bem como na escrita e na resolução de tarefas diplomáticas graves".

Sinésio escreve: "Não estou surpreso que alguns atribuam a descoberta de um tesouro a seus sonhos; que outros tenham ido para a cama completamente ignorantes e acordado como poetas talentosos, depois de conversarem com as musas durante um sonho. Também não preciso falar daqueles que, dormindo, tomaram conhecimento de um risco que os ameaçava, ou que receberam em seus sonhos informações sobre um remédio que os puderam curar. O mais maravilhoso e ao mesmo tempo o mais misterioso é, entretanto, que o sono da alma abre o caminho para as visões mais perfeitas sobre a verdadeira natureza das coisas e fornece à alma a capacidade de ir além da natureza e unir-se com a esfera inteligível, da qual está tão afastada que não consegue se lembrar de onde veio [...]. Isso mostra que é sempre uma pessoa que nos instrui quando estamos acordados; mas que é sempre Deus que nos ilumina quando estamos dormindo".

Vemos, portanto, que para Sinésio o sonho não tem apenas significado terapêutico, mas é também o lugar da experiência de Deus. No sonho, nós nos unimos à realidade de Deus e, com isso, à verdadeira natureza das coisas. Chegamos à sua origem, ao mundo das ideias, no qual estivemos uma vez e no qual novamente mergulhamos ao sonhar. Deus nos ilumina nos sonhos. Ele nos mostra a essência de todas as coisas e o mistério do seu próprio ser. Mas Sinésio também enfatiza os efeitos salutares do sonho para os humanos. O que ele escreve ainda é atualmente válido. Há pesquisadores que durante um sonho veem a solução para um problema. Há poetas, como Ernest Hemingway, que sempre escreviam no início da manhã e, desse modo, entrelaçavam seus sonhos em sua escrita. Também se diz que Beethoven compunha nas primeiras horas da manhã e, muitas vezes, escrevia melodias que ouvira num sonho. Hoje também muitos experimentam isso: os sonhos podem nos avisar de perigos e mostrar à nossa alma o que é bom para nós. Às vezes, eles nos mostram o que pode curar nosso corpo e nossa alma. Alguns exemplos: uma mulher me relatou que sonhara com uma erva medicinal que poderia ajudar a curar sua doença. Um homem me disse que, antes de uma prova, sonhara com o que cairia nela. O sonho o ajudou a passar na prova. Outra mulher que estava afastada da Igreja havia muitos anos e não se importava com questões religiosas me disse que sonhara que devia ler o Livro do Êxodo. Quando leu o livro por causa desse sonho, ela se deu conta de sua prisão interior, do fato de ser levada por "capatazes", por pulsões interiores. E o sonho foi para ela um convite para voltar a se envolver com a Bíblia e com a fé e, por fim, retornar à Igreja.

A maneira como Sinésio interpretava os sonhos não corresponde necessariamente às interpretações dadas pelos psicólogos de hoje. Mas ela se assemelha bastante ao modo como os filósofos taoistas lidam com os sonhos. De um lado, há o significado terapêutico: os sonhos nos mostram o que é bom para nós e o que devemos evitar. E há, de outro, o significado teológico e filosófico dos sonhos: eles me mostram minha verdadeira natureza e me conduzem às raízes de minha alma. Mostram-me que eu venho de Deus e que Ele fala comigo. Sinésio diz que Deus não só nos ensina, mas também nos ilumina. Ele dá à minha alma a luz original que ela recebeu dele, mas que muitas vezes foi obscurecida pela negligência com que eu conduzo minha vida.

Sinésio também conhece a tradição dos lugares de peregrinação gregos, bem como o assim chamado sono no templo. As pessoas peregrinavam a esses lugares sagrados e, com oração e jejum, se preparavam para dormir no templo, no recinto sagrado e receber de Deus sonhos sagrados e terapêuticos. Na parte da manhã, contavam seus sonhos aos sacerdotes, que os interpretavam. Portanto, esperavam sua cura de Deus por meio dos sonhos que Ele enviava e os sacerdotes interpretavam. A interpretação dos sonhos era, naquela época, um ato religioso, mas também estava muito focada num efeito terapêutico e na cura da alma. Pois os sacerdotes escutavam com atenção o que as pessoas contavam de seus sonhos. Em seguida, eles confiavam em seu próprio sentimento e nos estímulos que recebiam de Deus nas orações. E passavam para esses sonhadores a inspiração que haviam recebido de Deus. E, com bastante frequência, sua interpretação trazia a cura. A interpretação desfazia velhos problemas e conflitos e mostrava um caminho de transformação.

Evágrio Pôntico: os sonhos no caminho contemplativo

No monaquismo antigo, o psicólogo dentre os escritores espirituais, Evágrio Pôntico († 399), deu atenção especial aos sonhos ao incluí-los no caminho da ascese. Para Evágrio, o objetivo final do homem é a *apatheia*. "*Apatheia*" não é apatia, nem insensibilidade; seria melhor entender esse termo como harmonia interior do homem, paz de espírito, liberdade de impulsos apaixonados, pureza de coração e plenitude do amor de Deus. Em seus livros, Evágrio descreve os caminhos pelos quais podemos alcançar a *apatheia* e as características indicadoras de que atingimos o estado de paz interior e a união com Deus. E uma característica da presença da *apatheia* no ser humano é "a ausência de paixões e emoções desordenadas durante seus sonhos". Evágrio parte da ideia de que as paixões e emoções que nos determinam durante o dia também têm influência sobre os nossos sonhos à noite. O ressentimento não se manifesta apenas em nossa raiva e nossa disposição agressiva, mas também em nossos sonhos. Durante a noite, o ressentimento causa más experiências, que enfraquecem o corpo.

"Essa pessoa parece, então, pálida e, com intensidade cada vez maior, é atormentada em sonhos por visões de que é atacada por animais selvagens, peçonhentos" (EVÁGRIO. *Praktikos*, 11).

Evágrio atribui os sonhos negativos ao demônio da ira. Assim, devemos ter cuidado para não levar a ira para a cama na hora de dormir. E, por outro lado, em nossos sonhos podemos conhecer quanto somos inconscientemente determinados pelo ressentimento e pela raiva: "Não se ponha o sol sobre vossa ira, para que os demônios não aterrorizem a alma durante a noite, acovardando a mente para a guerra do dia seguinte. Pois as temíveis alucinações noturnas surgem habitualmente dos distúrbios da ira; não há nada que faça um homem tão disposto a desistir da luta como o temperamento descontrolado" (EVÁGRIO. *Praktikos*, 21).

As imagens do sonho não são apenas causadas pela raiva, mas também nos afetam diretamente. Elas pioram os pressupostos com os quais iniciamos o dia seguinte. Sentimo-nos exaustos ou, como Evágrio diz, covardes e fracos. Existe, portanto, para Evágrio uma conexão entre sonho e sentimento, e isso, em certa medida, em ambos os sentidos: as emoções que reprimimos durante o dia têm um efeito negativo sobre nós no sonho; e os sentimentos que temos pela manhã, ao acordar, dependem dos sonhos. Portanto, é salutar orarmos para nos livrarmos das decepções e da raiva do dia antes de ir para a cama e entregarmos o dia para Deus, de modo que as emoções negativas não afetem nosso sono. Vemos, portanto, que já aparece nesse autor do século IV a ideia de repressão, que se torna tão importante na idade moderna para Sigmund Freud. O sonho mostra o que reprimimos: nossa raiva, nossa decepção, nossa frustração, nossas paixões sexuais e nossa energia agressiva.

Evágrio conhece sonhos positivos e negativos. Os sonhos refletem nosso estado. Neles podemos ver quão longe estamos em nosso caminho para a pureza do coração. Segundo Evágrio, muitos sonhos que nos dizem respeito são introduzidos por demônios, que pretendem nos enfraquecer e adoecer. Os demônios usam imagens oníricas para nos afastar de Deus. Evágrio nos exorta a recorrer a Cristo. Sonhos negativos são um incentivo para nos voltarmos para Cristo, para que cure nossa alma doente e nos envie paz. Mas para que essa paz possa ter espaço em nós, temos de lidar com as paixões da alma e enfrentá-las. E uma parte dessa auto-observação e desta luta ascética ocorre durante a noite e no sonho. Dois textos do *Praktikos* podem ilustrar isso: "Os demônios estão empenhados em reforçar nossa tendência à cobiça. Para tanto, geram, enquanto dormimos, fantasias que nos fazem crer em conversas com nossos amigos, festins com nossos parentes, grupos de mulheres e um monte de outras coisas que deveriam nos encantar. Tudo isso tem o único propósito de fazer-nos doentes e reforçar nossas paixões. Também pode ser que os demônios provoquem a parte excitável de nossa alma. Por isso, eles nos fazem trilhar em sonhos aqueles caminhos que passam por lugares íngremes e a deparar com homens armados, cobras venenosas ou animais perigosos. Esses encontros nos enchem de horror, fugimos e nos sentimos perseguidos. Devemos, portanto, nos precaver e manter olhar atento sobre essa nossa predisposição, ao suplicar por auxílio a Cristo em nossas vigílias" (EVÁGRIO. *Praktikos*, 54).

Podemos também interpretar isso psicologicamente: Quem se deixa guiar em demasia por emoções negativas terá sonhos de perseguição durante a noite. Sonhos com perseguição indicam sempre nossos lados de sombra, os pontos que reprimimos em nossa jornada espiritual. Para os monges, faz parte da vida espiritual relatar seus sonhos ao padre espiritual. Isso traz à tona o que havia acontecido no inconsciente. E o padre espiritual podia aconselhar ao monge uma forma de lidar com as imagens mentais. O seguinte conselho é sempre válido: estender essas imagens a Deus, para que o amor dele ilumine e transforme as imagens escuras. Evágrio nos aconselha a pedir auxílio a Cristo. Ele pode curar esse caos interior por meio de seu amor redentor. Mas Cristo não é o mágico que nos libertará de imagens oníricas negativas. Ele é, antes, o terapeuta, com quem discutimos nossas imagens de sonhos. Para Evágrio, os sonhos, de um lado, expressam nossos desejos. Os três instintos básicos – alimentação, sexualidade e possessividade – aparecem, por exemplo, nos sonhos de festins e de grupos de mulheres. De outro, os sonhos se referem à parte excitável. Isso é, para Evágrio, a esfera emocional do ser humano, que pode ser turvada pelos vícios da raiva, tristeza e da indolência (*akedia*). Aqui Evágrio escreve especialmente sobre o horror, o medo. De fato, os sonhos muitas vezes nos dão medo. Mas nossa tarefa consiste precisamente em não nos deixarmos levar por ele, em não fugirmos de nós mesmos e de nossa verdade interior, mas conversar sobre isso com Cristo. Devemos lidar com o medo conscientemente, olhar para ele e perguntar a Cristo em oração o que Ele quer nos dizer com sonhos que desencadeiam medos. A oração pode nos mostrar como reagir a eles.

Por meio dos sonhos Evágrio reconhece se o sonhador tem a alma saudável ou doente. Se a pessoa não tem imagens perturbadoras nos sonhos, isto é sinal de sua saúde psíquica. Imagens violentas indicam que a alma não é saudável. Portanto, essas imagens devem ser apresentadas a Cristo, que não só as transforma, mas também cura a alma. Pelo tipo de imagens oníricas, Evágrio reconhece se o que deveríamos apresentar a Deus são feridas passadas ou presentes. "Se há no sonho visões de natureza nebulosa, isso remete a experiências afetivas anteriores. Se elas podem ser reconhecidas com nitidez, isso indica feridas que ainda sangram" (EVÁGRIO. *Praktikos*, 55).

As imagens obscuras querem nos dizer que devemos integrar experiências passadas ou que já estamos a ponto de integrá-las. As imagens claras nos exortam a analisar com precisão nossa situação atual e nos reconciliar com nossas feridas, apresentando-as a Cristo para que Ele as cure. O psiquiatra etrapista americano John Eudes Bamberger, que, por mais de 30 anos, foi abade da famosa Abadia de Genesee, traduziu Evágrio. Para ele, esse texto é um exemplo de "observação precisa da dinâmica dos sonhos" por parte de Evágrio, que com isso antecipa alguns conhecimentos da psicologia atual.

Em outra passagem, Evágrio diz: "Nossos pensamentos durante o dia e nossos sonhos durante a noite nos dizem se já alcançamos *apatheia* ou não. *Apatheia* é a saúde da alma" (EVÁGRIO. *Praktikos*, 56).

Os sonhos nos dizem, portanto, se alcançamos a *apatheia*, que é o objetivo da jornada espiritual. É um estado de saúde psíquica, um estado de clareza interior e de paz profunda e, por fim, constitui a capacidade de amor genuíno. Em outro capítulo, Evágrio descreve que tipo de sonhos nos mostra o estado de apatia: "Quando o espírito do homem começa a ver sua própria luz, quando não se intranquiliza com visões oníricas e quando permanece sereno perante os acontecimentos da vida, esse homem certamente alcançou *apatheia*"(EVÁGRIO. *Praktikos*, 64).

Ver a própria luz significa que o indivíduo encontrou seu verdadeiro eu, que ele se tornou completamente uno consigo mesmo e com seu centro mais íntimo, onde o próprio Deus habita. *Apatheia* é também, portanto, um sinal de autorrealização bem-sucedida, como entende C.G. Jung. E ela está associada a imagens oníricas que já não nos perturbam, mas causam paz e harmonia em nós. Os sonhos mostram, então, que já não temos de lutar constantemente contra nossas paixões, mas que as superamos e estamos repletos de paz e amor de Deus. Os sonhos nos mostram em que ponto estamos em nosso caminho de amadurecimento e qual é nossa distância em relação a Deus.

Nossos sonhos raramente mostrarão o estado de *apatheia*. Enquanto vivermos, também teremos sonhos que nos agitam, que nos exibem nosso lado sombrio. Mas, a meu ver, Evágrio nos faz compreender algo importante: O caminho da autorrealização e da jornada espiritual não passa apenas pelo ascetismo, nem apenas por um programa espiritual, ou por ação e meditação, mas também, em última instância, pela transformação do inconsciente. As imagens de nosso inconsciente também são iluminadas, transformadas e curadas pelo encontro com Deus. Então nós nos tornamos pessoas verdadeiramente espirituais, em que tudo é permeado pelo Espírito de Deus.

John Eudes Bamberger escreve sobre o caminho espiritual que Evágrio nos mostra justamente quando lidamos com os sonhos: "Este ensinamento é baseado numa psicologia profunda, uma psicologia que conhece a relação dinâmica das imagens da alma com as emoções e os comportamentos habituais do espírito e dos sentimentos. Somente onde as imagens e ideias da alma e do espírito são tanto quanto possível transformadas pela pura luz de Deus, as atitudes das pessoas e suas atividades podem harmoniosamente se desdobrar em plena floração, que anula as discórdias anteriores. Essas imagens são purificadas e transformadas pela visão da luz divina, que se reflete na alma. O homem não chega à perfeição exclusivamente por suas próprias ações, que se dirigem do exterior para o interior; ele deve ainda ser convertido nas profundezas de seu espírito, onde, nos recessos de seu ser, se escondem as imagens inconscientes inatingíveis para o mundo exterior. Ele deve tentar alcançá-las nos trilhos há muito esquecidos, mas que ainda podem influenciar as atitudes e os caminhos do homem. Só quando essas imagens se tornarem saudáveis e íntegras à luz original da contemplação, capaz de penetrar o espírito do homem, a obra da salvação e do aperfeiçoamento estará feito" (BAMBERGER. *Einführung zum Praktikos*, 22).

O caminho contemplativo que Evágrio nos aconselha por ser esse a única maneira de chegarmos ao objetivo que Cristo nos prometeu inclui auto-observação, o silêncio, a oração, o jejum, a luta contra os vícios, bem como a observação dos sonhos. Só quando o espírito de Deus permeia tudo em nós, somos capazes de contemplação e oração sem distrações. Para Evágrio, orar sem distração é o objetivo de nossa vida. Isso nos leva a uma profunda sabedoria e amor e "às alturas da realidade" (EVÁGRIO. *Praktikos*, 52). Mas não alcançamos esse objetivo apenas olhando e combatendo nossas distrações. As imagens dentro de nós devem ser transformadas. Mas isso requer justamente que lidemos honestamente com os sonhos, exige uma coexistência de observação dos pensamentos e atenção aos sonhos. Só dessa forma é acessível em nós a *apatheia* na qual, segundo Evágrio, nos orientamos por Deus e somos permeados pelo amor e pela paz dele. Só podemos ficar tranquilos em Deus depois de Ele limpar e curar nosso consciente e nosso subconsciente. Assim, a atenção aos sonhos é um elemento importante no caminho contemplativo, que nos leva cada vez mais para Deus e para dentro dele.

Na tradição cristã, os sonhos são frequentemente ligados aos santos. Jerônimo (347-419) atribui a um sonho sua transformação de estudioso secular para estudioso cristão. O sonho encorajou-o a colocar todo seu conhecimento a serviço da fé. E ele lhe deu a força para traduzir a Bíblia para o latim. Sua tradução – a chamada Vulgata – é ainda hoje a tradução mais lida e citada da Bíblia. Pacômio (292-346), o primeiro a fundar uma comunidade monástica, conheceu sua vocação num sonho. E, no sonho, ele também percebeu claramente como combinar o ideal do eremita com o amor cristão ao próximo. Graças a um sonho, ele se torna o pai do monaquismo cenobita. Bento (480-547), que marcou o monaquismo no Ocidente como nenhum outro, aparece a seus discípulos em sonho e lhes comunica o plano de construção de seu convento. Ele se tornou, assim, seu mestre interior que, por meio de sonhos, os acompanha e os guia. Francisco (1182-1226) conhece no sonho sua vocação: Ele vê que deve restaurar a Igreja de Deus. Primeiro, ele pensa se tratar da igrejinha em ruínas Porciúncula. Mas então percebe que o sonho espera dele uma tarefa maior. Quando mais e mais irmãos se juntam a ele, e solicita ao papa a confirmação de uma ordem, o Papa Inocêncio sonha que Francisco sustentava a Basílica de Latrão. E, por causa desse sonho, o papa, normalmente cético, aprova o estabelecimento da ordem. Os franciscanos se espalham muito rapidamente em toda a Europa. Os sonhos provocaram esse desenvolvimento da Ordem. A fundação da Ordem Dominicana é acompanhada por sonhos. Domingos (1170-1221) sonha com uma árvore, onde se encontram pássaros pretos e brancos. A árvore é cortada. Isso o leva a colocar sua Ordem sobre um novo fundamento. O hábito preto e branco também remete a esse sonho do fundador da Ordem.

Visões e aparições

Muitas biografias de santos relatam sonhos e visões. Geralmente deparamos com a opinião de que as visões são algo especial, algo que deve acontecer somente aos santos. Mas Morton Kelsey, o já mencionado religioso anglicano e discípulo de Jung, menciona uma pesquisa psicológica que revelou que 10% das pessoas têm visões (KELSEY. *Träume*, 36). No entanto, muitos não se atrevem a falar sobre isso, por medo de serem considerados lunáticos. Mas não devemos ter medo das visões. Deus pode aparecer nelas para nós e nos dizer algo. Mas não devemos superestimá-las. De fato, os místicos de todas as épocas geralmente tinham visões, mas não as consideravam o sinal mais importante de sua devoção. Pelo contrário, eles advertem contra atribuir muito valor a elas. Porque nossa imaginação também sempre está envolvida nelas. As visões ocorrem em nossa psique e, portanto, não são nenhuma garantia de que conhecemos com clareza a vontade ou a essência de Deus. Faz sentido encarar as visões de modo semelhante aos sonhos, mergulhar em suas imagens e perguntar o que Deus quer nos dizer. Mas não devemos fazer disso um culto nem achar que somos pessoas extraordinárias em virtude desse tipo de experiência. Os místicos alertam para não nos colocarmos acima de outras pessoas por causa de nossas visões. Se nos comportarmos dessa maneira, não estaremos abertos ao que Deus quer nos dizer com elas. Com isso estaremos apenas inflando nosso ego. Mas não é esse o propósito das visões que Deus nos proporciona. Com elas, Ele quer provocar algo no mundo, quer sacudir não somente a nós, mas também a outras pessoas, para que abram os olhos e vejam a realidade de um ângulo divino.

Em qualquer época encontraremos pessoas que têm visões e acreditam que Deus lhes passou uma revelação privada especial. Especialmente em nossa época há muitos relatos de aparições marianas em que Maria comunica, amiúde para crianças, uma mensagem que diz respeito a toda a Igreja. A questão é como devemos entender e avaliar tais revelações privadas sob o prisma dos sonhos. A Igreja diz que a revelação está completa com a Bíblia. Assim, as revelações privadas não têm nenhuma autoridade eclesiástica. Para o indivíduo, elas podem ajudar a aprofundar a fé. E, às vezes, podem ser para muitos outros um impulso para renovar seu relacionamento com Jesus Cristo e com Maria. Mas, do ponto de vista psicológico, esses fenômenos devem ser interpretados de modo semelhante aos sonhos. Não são fenômenos objetivos no mundo cotidiano que poderíamos filmar, mas fenômenos que ocorrem na psique do indivíduo. Apesar disso, eles também podem ser importantes para outras pessoas. Mas também é importante levar em consideração os aspectos psicológicos, sociais e contextuais dos fenômenos. Um fato interessante, por exemplo: historicamente, as aparições marianas aumentam especialmente na época do Iluminismo. Em frente a uma visão unicamente racional da fé, elas obviamente chamam atenção para o lado emocional da fé. Muitas dessas aparições marianas acabam por gerar locais de peregrinação, para os quais as pessoas peregrinam a fim de exprimir sua fé. Em tais fenômenos é perfeitamente possível ver a obra do Espírito Santo. Mas também se deve registrar que os conteúdos de tais fenômenos não são uma nova revelação em relação à revelação divina, transmitida aos apóstolos e aos autores dos escritos bíblicos. Portanto, o conteúdo deve ser sempre testado pela Igreja. Em princípio, a Igreja está sempre aberta a tais fenômenos, mas sempre também chama a atenção para os seus perigos. Às vezes eles também exprimem fantasias de realização de desejos pessoais ou coletivos. As aparições podem ter um efeito de cura se ajudam uma pessoa a superar experiências traumatizantes. Mas também podem ter uma influência doentia ou ser expressão de uma doença psicótica.

Sonho: realidade e efeito

É interessante notar que na cultura chinesa existem fenômenos semelhantes às aparições marianas do mundo católico. Na cultura chinesa, a incumbência por meio do sonho desempenha papel importante. Assim como nas aparições marianas o vidente sempre recebe uma incumbência, o sonho é para os filósofos chineses o lugar em que se confia uma incumbência às pessoas. O sonho é a interface entre o mundo místico e o mundo real, entre o mundo espiritual e o mundo da vida cotidiana. No sonho – segundo a filosofia chinesa – o próprio Deus instrui as pessoas. Desse modo, para a filosofia chinesa os sonhos têm uma função semelhante às parábolas da Bíblia. Jesus instrui as pessoas por meio de imagens e parábolas.

Os filósofos chineses gostam de contar histórias de sonhos para ilustrar sua doutrina. É conhecida a seguinte narrativa de Liezi, um filósofo taoista: Um lenhador matou e escondeu um cervo. Ao chegar a casa após um longo dia de trabalho, percebe que se esqueceu de onde escondeu o cervo. Acha que matou o animal apenas em sonho. Então ele se encontra com um caçador e lhe conta o sonho. Mas o caçador pensa: Não seria esse sonho realidade? E começa a procurar o cervo. Ele finalmente o encontra e volta feliz para casa com sua caça. Na noite seguinte, o lenhador sonha que matou e escondeu o cervo e que o caçador o encontrou e levou para casa. Furioso, ele vai ao encontro do caçador no dia seguinte. E vê que este realmente guarda o cervo morto em sua casa. O lenhador, indignado, consulta o juiz. Mas este lhe diz: "Você disse ao caçador que era apenas um sonho seu. O caçador, no entanto, levou seu sonho a sério. Seu cervo era apenas um sonho; mas, para o caçador, era algo real. Você não pode provar que também realmente matou o cervo. Pois você mesmo disse ao caçador que era apenas um sonho".

A lição que o filósofo chinês extrai dessa história também poderia conter uma resposta que é aplicável a fenômenos como as aparições marianas: Para um, a aparição é um sonho, para outro é realidade. É frequente em nossa vida o seguinte fato: nós novamente perdemos o que havíamos recebido. Tal aparição poderia ser como um sonho que vem e passa sem consequências, sem efeito. Mas o fator decisivo para uma avaliação é saber se eu ajo de acordo com o sonho e cumpro a incumbência que ele me passa. Algumas pessoas que haviam vivenciado as aparições reconheceram a tarefa durante um sonho e, em seguida, a transformaram em realidade. Portanto, o sonho delas tornou-se uma realidade e uma bênção para outros. Por causa de seu sonho, surgiram, por exemplo, lugares de peregrinação, onde muitas pessoas percebem a proximidade de Deus e sentem que Ele se dirige a elas tal como se dirigiu ao destinatário das aparições marianas e de suas mensagens.

Os místicos acreditam que Deus pode nos aparecer em sonhos porque estamos mais centrados em nós mesmos. Não somos distraídos e capturados pelo mundo exterior. Nossos olhos estão abertos para o mundo do espírito e para Deus. Um místico do século XIV diz: "Um mestre diz que anjos aparecem a algumas pessoas mais durante o sono do que quando acordadas, porque, enquanto dormem, as pessoas são menos perturbadas pela variedade das coisas externas" (BOSS. *Der Traum*, 13).

Um olhar sobre a história da espiritualidade poderia mostrar que sonhos também foram incluídos no caminho espiritual – embora de maneiras muito diferentes e com interesses diversos. Na busca pela vontade de Deus, os mestres espirituais sempre acreditavam que Ele nos manifesta sua vontade em sonhos. Portanto, o sonho era, no acompanhamento espiritual, um importante meio para perguntar por sua vontade concreta. Mas ao mesmo tempo o sonho era o lugar de intensa experiência de Deus. Para muitos místicos, os sonhos e visões inflamavam seu amor a Ele. Os sonhos provocavam orações mais prementes, um amor mais profundo e uma vida mais constante na presença de Deus. Eram percebidos como um enriquecimento para a vida espiritual. Nos sonhos, o aspecto da vontade é praticamente excluído, um aspecto que normalmente desempenha papel tão importante em nossa jornada espiritual. Não somos nós que devemos nos abrir em oração e meditação para Deus; Ele próprio age sobre nós. Ele nos encontra nos sonhos e nos fala. Assim, a observância dos sonhos dá prioridade à graça divina e nos liberta de esforços espirituais. No sonho, nós nos sentimos apoiados por sua presença. Deus exerce um efeito de cura em nós durante os sonhos. Ele nos permite acordar com um estado de espírito positivo e com um sentimento interior de sua proximidade. Ele muda as condições de nossa vida espiritual, fala em sonho ao nosso coração e nos dá a certeza interior de sua presença amorosa. No entanto, o sonho tinha um terceiro significado na história da espiritualidade: era o lugar do sincero autoencontro e autoconhecimento. No sonho, conhecemos a verdade sobre nós mesmos. E essa verdade não é só lisonjeira. Esse aspecto do sonho era mais enfatizado especialmente no monaquismo antigo. Se os demônios atuam nos sonhos e nos fazem ver imagens assustadoras, isso nos revela onde estamos em nossa jornada espiritual, e então reconhecemos até que ponto os vícios e más condutas estão em nós. Talvez pensemos que já havíamos superado isso. E nossa vida consciente já não manifesta muita raiva e ódio. No entanto, os sonhos nos mostram que ainda estamos atolados em sentimentos de ódio, rancor e amargura, e levam a um autoconhecimento implacável; e também nos mostram os pontos que ainda temos de trabalhar em nós. Mas também nos dão informações sobre os progressos em nosso caminho espiritual. Eles são um indicador da pureza de coração, da nossa liberdade interior e da nossa união com Deus.

No taoismo, o sonho é frequentemente utilizado como metáfora para o discernimento espiritual. O taoista Zhuangzi, por exemplo, menciona um sonho no qual ele fala com ossos humanos. Na maneira como ele conta o sonho, podemos sentir que ele pretende transmitir uma visão essencial sobre a vida humana. Ele pretende eliminar o medo que as pessoas têm de morrer. Ele narra: Eu atravessava uma floresta e de repente vi ossos. Usei os ossos como travesseiro e dormi. Então sonhei que travava um diálogo com os ossos humanos. Os ossos humanos me disseram: "Você fala como um filósofo. Você fala muito sobre o sofrimento e dificuldades da vida. Tudo parece ser tão cansativo. Após a morte, toda essa carga e esse esforço acabam". O filósofo respondeu no sonho: "Sim, vocês estão certos, ossos humanos. Mas se eu pudesse devolver-lhes a vida, vocês desejariam isto?" Eles responderam: "Quando já se experimentou a vida feliz e livre de um rei, por que alguém retornaria para a vida fatigante de um ser humano?"

Percebe-se nessa história que o sonho é um aviso. E não está totalmente claro se Zhuangzi relatou um sonho real ou se inventou o sonho para ilustrar seus ensinamentos. Nesse caso, o sonho seria como uma das parábolas que Jesus nos relata.

E os sonhos ainda têm outra função na filosofia chinesa: Eles costumam explicar o destino de uma pessoa e mostrar com isso o pano de fundo de um evento que não entendemos. Há, por exemplo, o relato sobre um rei que parte para a guerra contra um inimigo e consegue derrotar esse inimigo, porque o cavalo deste tropeçou em um nó na grama do campo. O rei não consegue explicar isso para si mesmo.

Então sonha que um homem vem ao seu encontro e lhe explica tudo: Esse homem tinha feito esse nó na grama como uma forma de agradecer a seu rei, que até então o tinha tratado tão bem.

Muitos fatos inexplicáveis são interpretados em sonhos. Os sonhos nos mostram o verdadeiro pano de fundo e nos explicam o que realmente está acontecendo conosco. Isso corresponde perfeitamente à tradição da interpretação cristã dos sonhos, cuja crença é a de que Deus nos revela em sonhos as conexões mais profundas de nossa vida.

4
Compreensão do sonho na psicologia

Impulsos instintivos reprimidos: a análise dos sonhos em S. Freud

Sigmund Freud, o fundador da psicanálise, referiu-se ao sonho como o "guardião do sono" e viu a interpretação dos sonhos como caminho ideal para o inconsciente e como um dos pilares do trabalho psicanalítico. Para ele, o sonho é uma via importante para reconhecer impulsos instintivos reprimidos. O sonho revela o inconsciente. Aqui Freud sempre pensa com um olhar retroativo. Diz-se que ele realiza uma interpretação causal-redutora dos sonhos. Ele remete o sonho a uma causa passada. Essa causa era geralmente a repressão de um importante impulso instintivo. O sonho, portanto, desvela meu passado para mim. Mas ele não tem nada a me dizer sobre meu futuro. O sonho é, por medo ou defesa, uma linguagem criptografada, que me diz quais desejos instintivos inconscientes eu tenho ou quais instintos foram reprimidos no passado. E para Freud muitos sonhos são puros sonhos de satisfação de desejos. Pois não ouso confessar meus desejos mais profundos. Portanto, os sonhos os mostram codificados. O método pelo qual Freud interpreta os sonhos é especialmente a associação. Pela associação, o indivíduo atinge áreas de seu inconsciente que até então lhe estavam ocultas.

A compreensão que Freud tem dos sonhos é analítica: Ele pretende revelar o que o indivíduo reprimiu. Por trás disso se esconde sua visão pessimista do homem. O homem reprimiu muitas coisas, mas especialmente seus impulsos sexuais. Por isso, quase todos os sonhos são interpretados como problemas sexuais. Esse entendimento freudiano dos sonhos provoca medo em muitas pessoas. Elas têm medo de narrar seus sonhos, pois os outros poderiam, então, conhecer todos os seus desejos sexuais reprimidos.

Riqueza da alma: a interpretação dos sonhos em C.G. Jung

C.G. Jung tem outro entendimento dos sonhos. Ele não pretende provocar nas pessoas medo algum de seus sonhos, mas incentivá-las a contar seus sonhos. Pois os sonhos mostram a riqueza da alma. Para Jung, cada sonho é uma obra de arte. E a primeira reação do observador deve ser: não entendo nada. E então contemplo a obra de arte do sonho. Para Jung, o sonho tem um objetivo, uma mensagem. Segundo ele, a maneira de interpretar o sonho é girar ao seu redor, considerar os vários símbolos e o diálogo com o sonhador. Dessa forma, eu passo a perceber mais e mais o significado dos sonhos. Também para Jung eles são um caminho para o inconsciente. Mas o inconsciente para Jung não é o reprimido, mas uma fonte de vitalidade. Ele pertence às pessoas tanto quanto o consciente, e é uma fonte de renovação da vida. Os sonhos são um auxílio para suprimir a unilateralidade consciente do homem e colocá-lo em contato com o inconsciente. Apenas isso torna a pessoa inteira, enriquece-a. Pois quem é cortado do inconsciente carece de uma importante fonte de energia, mas também de sabedoria e discernimento. A esse respeito, Ingrid Riedel, discípula de Jung, diz: A linguagem dos sonhos "é a melhor linguagem possível e descreve em retratos situacionais ricos em imagens e símbolos uma situação de vida que ainda é totalmente ou parcialmente inconsciente e agora pode entrar na consciência só desse modo e não de outro" (RIEDEL, 27).

Os sonhos têm um significado compensatório para Jung. Eles compensam a visão unilateral do consciente e complementam essa visão com a visão do inconsciente. Por isso, Jung inicia qualquer tentativa de interpretação dos sonhos com a pergunta: "Que atitude consciente é compensada pelo sonho? Então, como se pode ver, eu ponho o sonho na mais estreita relação com o estado consciente; sim, devo até dizer que, sem conhecimento da situação consciente, um sonho nunca pode ser interpretado nem sequer com uma certeza aproximada" (JUNG. *Von Traum und Selbsterkenntnis*, 37). Trata-se, portanto, de sempre comparar o sonho com a situação do sonhador. C.G. Jung pergunta não só pelo motivo do sonho, mas também pelo propósito do sonho. Qual é sua intenção? Por exemplo, Jung fala do sonho de um jovem que, no sonho, via seu pai bêbado dirigindo loucamente de um lado para o outro. O pai, no entanto, era uma pessoa muito correta e tinha bom relacionamento com o filho. O sonho revelou a Jung que a relação do filho com o pai era muito boa, mas o sonho deprecia o pai, de modo que o filho possa se libertar dele interiormente. Jung escreve sobre a situação do filho: "É até mesmo um perigo especial que ele, defronte ao pai, não possa ver sua própria realidade, razão pela qual a mente inconsciente recorre a uma blasfêmia artificial para depreciar o pai e, com isso, elevar o sonhador" (JUNG. *Von Traum und Selbsterkenntnis*, 40).

Além da função compensatória, Jung também cita a "função prospectiva dos sonhos". Ele fala de uma função do inconsciente dirigida a fins, uma função que "pratica preparatoriamente a solução de conflitos e problemas atuais e procura representá-la por símbolos selecionados tentativamente" (JUNG. *GW* 8, 290). Tais sonhos aparecem especialmente quando alguém, no estado consciente, não lida adequadamente com sua situação. Então o inconsciente recorre, por assim dizer, a informações que estão ocultas ao consciente, mas armazenadas nas profundezas da alma. Mas, ao mesmo tempo, Jung relativiza essa função prospectiva dos sonhos: pois o sonho não sabe todas as soluções. Apenas às vezes podemos levar em conta esse significado de um sonho. Entre os sonhos prospectivos, Jung também inclui os sonhos proféticos e sonhos telepáticos que ocorrem em determinadas pessoas. Há sonhos que predizem algo, que depois realmente acontece. Algumas pessoas interpretam todos os seus sonhos dessa maneira e acreditam que o que viram no sonho vai se tornar realidade num curto espaço de tempo. Mas isso significa limitar os sonhos à sua função prospectiva.

A função prospectiva está presente principalmente na concepção popular dos sonhos, tanto na Alemanha como na China. Há, por exemplo, a opinião de que haverá um desastre se eu sonhar com um gato preto. Mas essas interpretações são arbitrárias e não têm nada a ver com a realidade dos sonhos, ainda que seja algo arraigado na cabeça de algumas pessoas.

Hoje, muitos ainda interpretam os sonhos com base no livro sobre interpretação de sonhos escritos há 2.000 anos na China pelo Príncipe Zhou. Os símbolos são muitas vezes interpretados no sentido de que sua aparição nos sonhos se associa a algo específico em nossa vida. Desse modo, um sonho com morte ou caixão sempre significa riqueza e felicidade: a pessoa receberá uma grande riqueza totalmente inesperada ou ganhará, de repente, um monte de dinheiro. Quando homens sonham com mulheres estranhas, isso significa que perderão o dinheiro e a riqueza. Se sonhamos com um cão, isso aponta para um conflito que nos espera. Sonhos com um peixe significa que seremos promovidos, que nossa vida será próspera. Não sabemos de onde o príncipe Zhou extraiu essas ideias ou por que ele interpreta os sonhos dessa maneira. Ele mesmo não o diz. Ele afirma simplesmente que isso corresponde à sua experiência. Mas é preciso ser cauteloso com essas previsões. Elas assustam as pessoas. Mas se entendemos isso como uma advertência ou, às vezes, pelo menos, como uma promessa, então os sonhos podem nos encorajar justamente em situações em que as coisas não estão boas para nós. Mas se os levamos muito ao pé da letra, eles criam frustração – por exemplo, quando a riqueza simplesmente não vem ao nosso encontro.

Outra distinção é aquela entre "pequenos" e "grandes" sonhos. Segundo Jung, os "pequenos" sonhos são, com frequência, fragmentos de fantasia que "provêm da esfera subjetiva e pessoal e se esgotam, em termos de importância, na vida cotidiana". Geralmente, esses sonhos são novamente esquecidos. "Mas sonhos significativos são frequentemente preservados uma vida inteira na memória e, não raro, formam o núcleo do tesouro das experiências psicológicas" (JUNG. *GW* 8, 331). Os pequenos sonhos provêm mais do inconsciente pessoal, enquanto os grandes sonhos se originam na camada mais profunda do inconsciente coletivo. Jung disse: "Tais sonhos ocorrem geralmente nas fases fatídicas da vida, como no início da adolescência, na puberdade, por volta da meia-idade (36 a 40 anos) e *inconspectu mortis*" (JUNG. *GW* 8, 332). Trata-se, então, de sonhos que dizem algo essencial sobre mim e sobre minha vida, apontando-me seu mistério.

Princípios da compreensão dos sonhos

Jung estabeleceu algumas regras sobre como devemos responder aos sonhos. A primeira regra é que devemos nos abster de quaisquer tentativas de interpretação precipitadas. Em vez disso, devo dizer: não entendo nada. Então olho para o sonho, considero os diferentes símbolos, o sonhador e sua situação e, em seguida, tento cercar o sonho mais e mais e gradualmente quebrar seu significado. Nesse sentido, Jung diz: Não se trata de interpretar todos os sonhos. O sonho exerce algum efeito apenas quando nos ocupamos com ele. Se eu entendo o sonho, isso aprofunda seu impacto. Mas existem outros métodos para lidar com ele. Um deles, por exemplo, é a imaginação ativa, que ainda descreverei mais abaixo. Outro consiste em pintar o sonho. Nesse caso também estou me ocupando com o sonho, e a imagem ainda pode ter algum efeito sobre mim.

Há sonhos recorrentes. Um princípio de Jung: sonhos recorrentes exigem uma resposta. Esse tipo de sonho é um sinal de que preciso executar uma tarefa específica. Um exemplo: Uma mulher me disse que tem vários sonhos com seus avós falecidos. Ela sonha que ambos estão no caixão. Alguém quer fechar o caixão. Mas essa mulher sabe, em seu sonho, que os avós ainda não estão mortos. Ela quer gritar, mas não consegue. Então acorda assustada. Eu lhe disse: "Este sonho exige uma resposta. Continue a sonhar e pergunte aos seus avós o que eles querem lhe dizer". Ela teve novamente esse sonho e os avós, de fato, lhe comunicaram uma mensagem importante para sua vida. Ela recebeu a resposta que estava faltando. E o sonho não se repetiu.

Outro exemplo: Uma mulher sonhou repetidamente que sobe uma montanha dirigindo seu carro. Ela acelera, mas o carro simplesmente não avança. Ele não tem força suficiente. Quando nós falamos sobre isso, essa mulher percebeu que, em sua vida diária, tinha pouquíssimo espaço para reabastecer. O sonho recorrente só parou quando ela deu a resposta a si mesma: arranjar mais espaço para si, para seu próprio reabastecimento.

Mas há sonhos que se repetem por algum tempo e cessam de uma vez, sem que eu tenha dado uma resposta conscientemente. Nesse caso, a própria vida deu a resposta. Um exemplo são os sonhos com queda, comuns na puberdade. Nessa fase da vida, esses sonhos com queda significam que o chão em que o jovem se encontra não é mais sustentador, e que ele deve descobrir um novo fundamento para sua vida. Muitas vezes esses sonhos param sem que o sonhador apresente uma reação consciente. Mas a própria vida deu uma resposta. Se o jovem encontrou uma nova base para sua vida, a mensagem do sonho resolveu-se por si só, por assim dizer, e ele já não "precisa" desse sonho.

Outro princípio de Jung: Os sonhos são uma ajuda importante na tomada de decisões. Eles mostram um aspecto diferente da reflexão puramente racional sobre qual decisão eu deveria tomar. Mas Jung também diz que não devemos deixar a decisão para o sonho. O sonho me mostra a visão do inconsciente para o problema da decisão. Mas então devo considerar dois aspectos: o consciente e o inconsciente. Trata-se de tomar uma decisão com vontade e minha razão, uma decisão que leve em conta esses dois lados.

Nível do objeto e nível do sujeito

Jung faz uma distinção importante em relação à interpretação dos sonhos: Existe uma interpretação no nível do objeto e outra no nível do sujeito. No nível do objeto, os sonhos dizem algo que tem a ver comigo, sobre a natureza das coisas externas com as quais eu sonho. Desse modo, um sonho pode indicar que minha escada está com defeito ou que me esqueci de trancar a casa. Muitas vezes, o sonho absorve as experiências do dia e toma os resíduos do dia como material para chamar minha atenção para fatos importantes. No nível do objeto, o sonho tem uma função compensatória; ou seja, ele complementa minha visão consciente das coisas. Se tive uma conversa com um amigo durante o dia, então meu consciente deixou de perceber muitas coisas, eu me mantive ocupado em pensar e ignorei o que realmente se passava com o amigo. No sonho, eu me encontro com esse mesmo indivíduo, mas ele está doente. Aqui, o sonho está me indiciando o que o inconsciente percebeu durante a conversa e que não penetrou em minha consciência. O sonho, portanto, me mostra um lado que eu ignorei na conversa. Ele compensa minha visão unilateral e me mostra o lado até então oculto desse indivíduo. Obviamente, posso muito bem dizer: no sonho, Deus quer me revelar a verdade a respeito do amigo. Pelo menos ele me indica, pelas observações de meu inconsciente, os lados importantes de meu amigo que eu normalmente negligencio. Nossa visão consciente é frequentemente influenciada por pensamentos fantasiosos, e, por isso, é importante ouvir o ponto de vista do inconsciente. Ele complementa nossa visão. Teologicamente falando: na visão durante sonhos, Deus me liberta da minha cegueira para me conduzir à verdade.

Um exemplo de interpretação dos sonhos no nível do objeto: uma jovem estava conosco na casa de hóspedes. No jantar, ela se sentou em frente a um estudante, que lhe deixava pouco à vontade porque ela se sentia observada e julgada por ele. À noite, ela sonhou que se encontrava com esse estudante na escadaria. Mas o jovem tinha quebrado o braço e mantinha erguido o braço engessado. O sonho queria dizer à jovem: Esse jovem não é tão forte como você imaginou. Ele mesmo é um homem quebrado. Você o imaginou como uma pessoa grandiosa.

Esse sonho teve, portanto, um significado compensatório. Ele lhe mostrou o lado fraco do jovem, para que ela o pudesse ver de modo mais realista.

No nível do sujeito, o mesmo sonho dessa jovem poderia significar: Meu lado masculino está ferido. Não é forte o suficiente. Entendido dessa maneira, o sonho é um convite para desenvolver seu lado masculino.

Mesmo interpretados no nível do sujeito, os sonhos podem ter um significado compensatório. Eles me mostram lados que eu não quero admitir em mim mesmo.

Jung relata um exemplo: Um homem sonha com uma pessoa abandonada, embriagada, vulgar, que diz ser sua esposa. Ele tenta interpretar esse sonho pensando em sua esposa. Esses lados primitivos existem nela. Mas isso é apenas uma defesa para não enfrentar sua própria verdade. Para Jung, a mulher embriagada indica que esse homem, que por fora estava completamente intacto, tem o lado *anima* num estado lastimável: "Era este o caso com nosso sonhador: Seu lado feminino não era exatamente agradável. Essa asserção, aplicada à sua *anima*, acertou na mosca ao lhe dar a entender: você está agindo como uma mulher degenerada. Isso é um golpe baixo e deve sê-lo". Esse sonho tem, portanto, um significado compensatório e representa a tentativa de "criar um contrapeso para a unilateralidade da consciência do sonhador, que havia imaginado ser um perfeito cavalheiro" (JUNG. *GW* 18/1, 206).

Quando sonhamos com pessoas abandonadas e degradadas, preferimos interpretar tais sonhos no nível do objeto. Acreditamos que o sonho nos dá informações sobre outras pessoas. Mas Jung vê nisso, com frequência, uma defesa para não enfrentarmos nossa própria verdade. É um ato de humildade admitir que a pessoa abandonada é um lado em mim mesmo. Jung diz sobre isso: "Eu me recordo de dois casos instrutivos: no primeiro, o indivíduo sonhou com um vagabundo bêbado, deitado na valeta; no outro, com uma prostituta bêbada que se revolvia na sarjeta. O primeiro caso era o de um teólogo; o segundo, de uma senhora distinta da sociedade; ambos indignados e chocados e nada dispostos a admitir que sonhamos conosco mesmos. Dei a ambos o benevolente conselho para que concedessem a si mesmos uma hora de autorreflexão e considerassem com diligência e fervor onde e até que ponto eles não eram muito melhores do que o irmão bêbado na valeta e a irmã prostituta na sarjeta. Amiúde, um tiro de canhão como esse dá início ao sutil processo de autoconhecimento" (JUNG. *Von Traum und Selbsterkenntnis*, 46).

Uma regra geral da interpretação dos sonhos é que devemos interpretá-los primeiramente no nível do objeto. Devo, portanto, antes de tudo perguntar o que o sonho me diz sobre pessoas, situações, negócios, sobre o meu trabalho, meu envolvimento numa associação etc. Por exemplo, um homem sonhou que seu sócio o havia convidado para jantar e lhe havia oferecido uma salada cheia de vermes. Ele supôs que o sonho estava tentando avisá-lo a respeito da conclusão de um negócio. Ele se retirou do projeto. O desenrolar das coisas mostrou-lhe que ele tinha agido certo, pois o parceiro revelou ser um impostor. Aqui o sonho lhe revelou lados de seu sócio que não haviam sido notados pela consciência, porque esta se encontrava bloqueada pelas suas próprias concepções. O sonho o salvou de uma decisão errada, na qual ele teria perdido muito dinheiro. Algo semelhante aconteceu comigo: quando comecei a trabalhar como ecônomo do mosteiro, recebi de um consultor financeiro de Berna uma oferta lucrativa em que eu poderia ganhar bastante dinheiro com a contratação de empréstimos. Eu precisava de novas fontes de financiamento para a escola. Então marcamos um encontro em Locarno. Isso significava que eu tinha de dirigir seis horas para ir e seis para voltar. Na noite antes da minha viagem, sonhei que algo dava errado. Quando acordei, pensei: é apenas um sonho. Combinei o encontro e parti. Enfrentei a fadiga da viagem. Mas quando ouvi o tom sério do consultor empresarial suíço ao telefone, senti que algo estava errado. O sonho tinha me avisado. Se eu tivesse levado a sério o sonho, poderia ter evitado a viagem a Locarno. Mas minha ambição masculina não quis respeitar a voz do sonho. Em todo caso, o sonho me sensibilizou para confiar em meus sentimentos durante as negociações e recusar o negócio proposto.

O segundo método de interpretação dos sonhos é a interpretação no nível do sujeito; isto é, todas as pessoas e todas as coisas que eu vejo em sonhos são partes de minha própria pessoa e dizem algo sobre meu estado. O sonho me descreve em imagens como está minha situação. Muitas vezes, as imagens são mais úteis para expressar minha própria situação do que descrições racionais. No entanto, as imagens oníricas estão abertas para múltiplas interpretações. Sem dúvida, elas não são arbitrariamente interpretáveis, mas devem ser vistas no contexto de nossa própria história de vida e de nossa situação interna atual. Portanto, não adianta ler um glossário de símbolos oníricos e pensar que carro significa sempre o eu, e cavalo sempre se refere à minha vitalidade. Eu mesmo deveria associar as ideias que me ocorrem a respeito do sonho. É verdade, o conhecimento dos símbolos pode ser útil, mas também temos de manter a liberdade interior para concretamente relacionar os símbolos a nós mesmos. Para Jung, é útil saber o simbolismo dos textos mitológicos. Pois os sonhos muitas vezes falam uma linguagem arcaica. Portanto, faz sentido explorar os símbolos que encontramos em muitos mitos e lendas. Trata-se principalmente de imagens arquetípicas que são iguais em muitas culturas e religiões, e dizem algo essencial sobre o ser humano e sua transformação interior.

A seguir, apresento alguns símbolos oníricos e sonhos típicos, para dar estímulos para uma interpretação própria. C.G. Jung diz repetidas vezes que não há uma interpretação absolutamente correta dos sonhos; devemos, antes, olhar atentamente para a situação do indivíduo e introduzir os sonhos em nossas conversas.

5
Linguagem dos sonhos
Significado das imagens

Em nosso diálogo intercultural entre um monge de cultura ocidental e uma teóloga asiática, ocorreu-nos que a cultura desempenha um papel importante na interpretação de sonhos. Os sonhos são interpretados de formas diversas em diferentes culturas. Às vezes, a interpretação de um sonho por um filósofo chinês contradiz a interpretação habitual na Europa. Não existe uma interpretação unitária. Ao tentar compreender a linguagem dos sonhos, gostaríamos de nos limitar à psicologia de C.G. Jung. Em sua psicologia, o suíço Jung se ocupou justamente com as culturas indiana e chinesa e mostrou particular interesse pelo simbolismo dos mitos e lendas dessa esfera cultural. É claro, estamos cientes de que neste livro só podemos dar sugestões sobre como entender a linguagem dos sonhos. De acordo com C.G. Jung, todos devem ver seus sonhos sempre em seu contexto pessoal e também – segundo o reconhecimento de nosso diálogo intercultural – sempre no âmbito da sua própria cultura. No entanto, acreditamos haver na alma humana imagens arquetípicas, que são independentes da cultura e exprimem a essência do ser humano.

Gostaríamos de retomar a expressão de John Sanford sobre a "linguagem esquecida de Deus" nos sonhos e refletir por que ela diz respeito tanto ao pensamento europeu quanto ao chinês. Para aprender a "linguagem esquecida de Deus", é útil estudar as conclusões da psicologia sobre o simbolismo dos contos de fadas e mitos, e sobre o simbolismo dos sonhos. Mas, ao mesmo tempo, devemos saber que não adianta consultar um dicionário de sonhos para ver o que esse ou aquele símbolo significa e, em seguida, oferecer uma interpretação puramente abstrata e teórica. Pelo contrário, a interpretação do sonho é sempre feita no diálogo com o sonhador. Aqui, considero importante a seguinte atitude: como já mencionei várias vezes, vejo o sonho como uma obra de arte única e procuro não injetar meus preconceitos no sonho. Tento me livrar ao máximo dos preconceitos ao contemplar um sonho. E é preciso reverência perante o sonho de outra pessoa. Pergunto a ela quando algo não está claro para mim. Questiono o pano de fundo, a situação em que a pessoa teve o sonho. E também quero saber quais sentimentos ela experimentou durante o sonho e ao acordar. Também são úteis perguntas como: Que título você daria a esse sonho? Que ideia lhe ocorre espontaneamente ao despertar? Você relaciona esse sonho a alguma coisa?

Em outras palavras, procuro não impor uma interpretação ao sonhador. Em vez disso, eu lhe digo quais são os sentimentos e imagens que me ocorrem ao ouvir sua narração. Ou seja, ofereço-lhe apenas meus sentimentos, minhas associações e minhas imagens. Em seguida, ele próprio deve sentir se é tocado por minhas palavras ou se essas não dizem nada a seu coração. Ele deve confiar em seus próprios sentimentos, sem deixar-se levar por minha interpretação. O fator decisivo é que eu não tente persuadir o sonhador de coisa alguma, mas olhe seu sonho sem juízos de valor. Sob nenhuma circunstância devo empurrar o sonho para um veredicto, dizendo ao sonhador: "Você tem tal e tal problema". Ele se cala se eu começo a valorar seu sonho. Por isso, é importante abster-se de julgamentos e valorações. De acordo com esse pensamento, a seguir eu gostaria de contemplar alguns sonhos e imagens oníricas. Aqui as imagens que aparecem em sonhos devem ser, antes, imagens arquetípicas que afloram tanto na alma ocidental como na asiática. Na interpretação desses símbolos eu me prendo menos à tradição taoista do que à perspectiva que aprendi com C.G. Jung. Jung sempre refletiu e escreveu sobre símbolos de um modo transcultural, motivo pelo qual essa perspectiva pode estar aberta para ambas as tradições, a ocidental e a oriental.

Os diferentes tipos de sonhos e os diversos símbolos que mencionarei não devem ser entendidos como um dicionário de sonhos. Pelo contrário, trata-se de sonhos concretos, relatados pelas pessoas durante os acompanhamentos espirituais ou nos cursos sobre sonhos. Eles exprimem, portanto, sua própria experiência individual. E, ainda que os símbolos apontem uma direção particular de interpretação, cada sonho é único. Eu mesmo tenho de meditar o sonho repetidas vezes e prestar atenção em mim cuidadosamente, nas imagens que me ocorrem, nos sentimentos que percebo em mim durante a narração do sonho e nas associações que me vêm à mente. E, por experiência própria, constato que às vezes posso entender e interpretar sonhos alheios com mais facilidade do que meus próprios sonhos. Quando contemplo meus próprios sonhos, dou atenção principalmente ao contexto e aos símbolos. Em seguida, tento simplesmente meditar o sonho, sem me colocar sob a pressão de também interpretá-lo. Às vezes, o significado de meus sonhos se revela para mim apenas bem mais tarde, quando, por exemplo, volto a ler os sonhos que havia anotado algum tempo atrás.

Sonhos com casa

Um símbolo onírico frequente é a casa. Esta representa a morada de nossa própria vida. Cada cômodo tem seu próprio significado. O porão, por exemplo, representa o inconsciente. Uma mulher sonhou que devia se desfazer de um barril de veneno no porão. Então foi atrás desse barril no porão. No entanto, quanto mais se aproximava do barril, menor este se tornava. Por fim, ela pôde eliminar facilmente o pequeno frasco de veneno. Esse sonho tem dois aspectos: mostra o *estado* dessa mulher, ou seja, que há veneno em seu inconsciente. Ela, evidentemente, reprimiu algumas coisas, que se tornaram veneno nela, que intoxicam seu inconsciente. O segundo aspecto é que esse sonho também traz uma boa notícia. A mulher já está enfrentando o que foi reprimido. E o sonho dá o impulso para enfrentar o inconsciente ainda mais. Ao mesmo tempo, o sonho contém a promessa: o inconsciente se torna menos perigoso quanto mais me aproximo dele. Posso adentrar o porão do meu inconsciente com plena confiança. Em última instância, não há nada de perigoso nele.

Um homem sonhou que uma fonte jorrava em seu porão. No princípio, ele se sentia incomodado com o fato de haver água naquele lugar. Ele queria manter o porão limpo, para usá-lo como uma despensa. Durante a conversa, o homem percebeu que entendia seu inconsciente apenas como um depósito para seu conhecimento. Agora o sonho lhe dizia que, no fundo de seu inconsciente, há uma fonte que pode fecundar sua vida e seu pensamento. Em vez de se irritar, ele se sentiu grato por poder beber de uma fonte que jorrava nele.

Uma terapeuta me contou que sonhava com o quarto onde tinha vivido durante a infância. O quarto infantil estava cheio de lâmpadas quebradas. Durante nossa conversa, ela se deu conta de que devia olhar novamente e com mais atenção para essa época infantil em que vivera ali. "Eu poderia compreender muitas coisas". – Às vezes sonhamos com cômodos que ainda não conhecemos em nossa casa. Eles chamam a atenção para espaços interiores da nossa alma que absolutamente ainda não conhecemos e que ainda não habitamos.

Uma mulher me disse que, durante um sonho, entrava num grande salão barroco em sua casa, um salão que ela nunca tinha visto antes. Portanto, algo aflorou nela, algo espaçoso, bonito, livre e lúdico, tal como é representado pelo barroco. Esse tipo de sonho provoca um estado de espírito positivo. No dia seguinte, nós nos percebemos de outra forma.

Uma mulher muito ativa na paróquia sonhava constantemente que havia estranhos em seu quarto. Esse sonho tinha várias variantes. O sonho recorrente era um convite para que ela se delimitasse melhor. Os sonhos lhe mostravam que até mesmo seu âmbito totalmente pessoal e íntimo – o quarto é um símbolo disso – era acessado por estranhos. Ela havia se delimitado muito mal e protegido muito pouco seu interior contra os outros. Ela entendeu o sonho como um lembrete para cuidar melhor de si mesma.

Um homem me disse que sonhou com a casa de seus pais. Ela desmoronava como um castelo de cartas. Na conversa, ele percebeu que não estava mais preso à casa paterna. Ele havia se libertado. Ele tem de seguir seu próprio caminho, sem consideração ao que os pais querem. Muitas pessoas sonham com a casa dos pais. Tais sonhos sempre nos convidam a olhar mais de perto o que experimentamos na casa paterna no passado, como nos sentimos então e o que ela representa hoje.

Há sonhos em que já mudamos ou que estamos mudando de casa, ou outros em que nunca paramos de reformá-la. Todos esses sonhos indicam que, interiormente, passamos por uma transição. Algo está acontecendo em nossa casa interior. Ou o sonho nos convida a realmente sair da antiga residência e formar para nós uma casa que agora corresponde melhor à nossa essência. Talvez eu deva abandonar velhos hábitos e me mudar para uma nova forma de vida. Devemos estender esses sonhos para Deus e pedir-lhe que Ele nos acompanhe em todas as convulsões internas e externas e nos mostre para onde devemos nos mudar, o que deve se modificar em nossa vida.

Até mesmo sonhos com assaltantes se relacionam ao simbolismo da casa. Eles, em si, não são positivos nem negativos. Pode ser que forças invadam minha casa violentamente, porque eu não as aceito. Então eu deveria fazer amizade com elas e deixá-las entrar voluntariamente em minha casa. Mas também pode ser que forças estranhas invadam minha casa e a roubem, porque tudo está aberto em mim, porque eu não estou em mim mesmo. Todas as portas estão abertas, de modo que pensamentos e emoções perigosas podem entrar em mim constantemente. Então eu teria de me proteger contra isso, dando mais espaço a Deus em mim, para que Ele preencha minha casa e a torne inacessível para forças estranhas. É apenas na conversa com o sonho e as imagens oníricas que posso ver a direção que eu deveria dar à interpretação desse tipo de sonho. E sempre devo relacionar o sonho com minha situação concreta. Sonho e realidade interpretam um ao outro.

Sonhos com carros

Outro importante símbolo onírico é o automóvel. Parte da palavra deriva de *autos* = "si mesmo". Ou seja, o automóvel é um símbolo do eu. Há sonhos em que estou dirigindo e, de repente, chego a lugares desconhecidos, a partir dos quais não sei como avançar. Isso é sempre um lembrete para que eu me detenha e reflita sobre o meu caminho. Quando sonho com um carro que eu posso controlar com o volante, mas que vai para onde quer, que simplesmente não pode ser guiado, isso pode ser uma imagem de que eu perdi o controle sobre mim mesmo, de que estou sendo conduzido por outras forças, por forças inconscientes. Às vezes, sou apenas um passageiro. Outra pessoa está ao volante. Então eu me pergunto: Quem é que me guia agora? O sonho é um lembrete para que eu retome o controle da minha vida. Ou há o sonho em que alguém está subindo uma montanha com o carro, acelera, mas não sai do lugar. Quando não tenho em mim a força para as tarefas que me aguardam, quando me deparo com uma montanha de problemas sem ter me reabastecido antes, eu deveria – eis a mensagem desse sonho – considerar onde estão as fontes de energia para mim, quais são as fontes internas que eu derramei e qual força interior eu poderia mobilizar ou permitir. Vê-se, portanto, que o sonho não dá nenhuma orientação específica para a ação. Ao acordar, não sei exatamente o que fazer. Mas, quando estou atento, sou capaz de perceber quais assuntos me aguardam nos próximos dias e semanas. Eu me torno mais sensível para o esforço excessivo, para bloqueios, para a obstrução de minhas fontes, para minha separação de Deus. E, quando dou atenção a isso, algo em mim entra em movimento, Deus pode fazer sua graça fluir novamente em mim como uma nova fonte de força.

Às vezes, sonhamos que o freio do carro não funciona. Isso é sempre um convite para refletir se eu desenvolvi um ritmo em minha vida ou meu trabalho que já não pode ser freado. Desse modo, um sonho muitas vezes pode tanto nos aterrorizar quanto nos deixar aliviados ao acordarmos por ser apenas um sonho. Mas não podemos ignorar tais sonhos. Eles nos incitam a ir mais devagar, a acionar o freio com mais frequência, a arranjar tempo para nós mesmos e lidar conosco de modo mais atencioso.

Muitas vezes ocorrem sonhos em que estacionamos o nosso carro em algum lugar. E depois de termos feito o que tinha de ser feito, procuramos nosso carro e não o encontramos. Isso, evidentemente, pode apontar experiências reais, como aquela em que encontramos nosso carro na garagem subterrânea porque não anotamos o número do lugar. Mas, geralmente, esse tipo de sonho tem um significado mais profundo. Ele indica que perdemos a relação com nosso "eu", que nos perdemos em meio ao barulho das atividades. Às vezes, também sonhamos que nosso carro não está mais onde o deixamos. No sonho, temos imediatamente a suspeita de que alguém roubou nosso automóvel. Esse tipo de sonho é sempre um lembrete: Onde está meu "eu"? Não encontramos mais nosso "eu"? Vivemos apenas para fora? Quem roubou nosso "eu"? Deixamos que os outros nos determinem? Sonhos desse tipo são como uma ajuda para investigarmos nossa própria consciência. Quando exploramos nossa consciência apenas num nível consciente, descobrimos amiúde apenas o lado superficial. O sonho nos mostra o que verdadeiramente se passa em nossa profundidade. Então devemos apresentar isto a Deus e pedir-lhe que nos ajude a viver consciente e atenciosamente, a pensar e agir a partir do centro mais íntimo do nosso ser.

Sonhos com quedas

Os sonhos com quedas são típicos. Sonho que estou caindo num poço sem fundo. Eu então me pergunto onde eu perdi o apoio, onde subi em demasia, onde afundei. O sonho não pretende me causar medo de que em breve eu caia da escada. Ele quer me exortar a encontrar minha medida e perguntar por meu apoio. É um incentivo para que eu busque meu apoio em Deus, para que eu me conscientize de que eu não tenho nenhuma garantia de que vou falhar ou cair, mas que estou apoiado em Deus e posso contar com Ele. Na interpretação, eu preciso apenas continuar pintando as imagens do sonho ou descrevê-las com as metáforas da linguagem popular. Então sinto, de imediato, que não estou falando de uma escada externa, mas de uma situação interna, ou seja, minha queda se refere ao estado do meu coração. Muitas vezes, sonhos com quedas mostram uma mudança interna e me dizem que o chão em que estou pisando não é mais sustentador. Eu preciso de outra base para minha vida. Embora tais sonhos, por vezes, nos provoquem medo, eles não são sonhos ruins, mas um convite positivo para procurarmos um novo fundamento para nossa vida.

Os sonhos com quedas terminam de várias maneiras. Há sonhos em que eu caio de um alto penhasco na água, onde mergulho e nado. Às vezes, eu pouso, apesar da grande altitude, suavemente num prado de flores. Mas às vezes acordo durante a queda. Eu não vejo nenhum chão onde possa cair. Eu caio no vazio. Esses sonhos não precisam de uma interpretação à parte. Eu os medito, apresento-os a Deus e discuto sobre eles com Ele em oração. Então reconheço o que Ele quer me dizer com tais sonhos.

Excreções

Com frequência, sonhamos que estamos procurando um banheiro numa grande casa. Às vezes, esses sonhos são simplesmente causados pela necessidade de urinar. Então acordamos e vamos ao banheiro. Mas muitas vezes esses sonhos têm um significado mais profundo. Queremos evacuar, mas não encontramos o banheiro. Ou já está ocupado. Ou não tem porta, o que nos faz sentir desprotegidos. Excreções têm a ver com libertação. Devemos nos libertar do lixo. Mas não encontramos o lugar certo para isso. Não encontramos nenhuma oportunidade de nos libertar daquilo que nos sobrecarrega. Esses sonhos nos convidam a refletir sobre o que devemos soltar. Onde devemos simplesmente eliminar velhos conflitos e – como num vaso sanitário – lançá-los descarga abaixo?

Sonhos sexuais ou eróticos

Algumas pessoas se assustam com sonhos sexuais. Mulheres casadas sonham que dormem com um homem estranho. Religiosos sonham que se deitam com uma mulher. Muitos se envergonham de relatar tais sonhos. Eles têm medo de receber uma interpretação moralizante. Não se trata de modo algum apenas de pulsões sexuais reprimidos, não admitidos na consciência. Os sonhos sexuais sempre têm um significado mais profundo. Em primeiro lugar, eles nos dizem que a sexualidade é uma força dada por Deus e totalmente normal. Em segundo lugar, nos mostram que nos unimos com a *anima* ao dormirmos com uma mulher, ou com o *animus* ao dormirmos com um homem. Trata-se, portanto, da integração de *anima* e *animus*. Segundo C.G. Jung, a *anima*, como o lado feminino em nós, pode ocorrer nos homens em diversos estágios de desenvolvimento, de acordo com o grau de desenvolvimento de sua função sentimental. E o *animus*, como um conjunto de potenciais masculinos inconscientes, tem significado semelhante para a mulher.

E também se trata, evidentemente, da integração da sexualidade em nossa vida. Esses sonhos também sempre contêm dois aspectos: indicam o que está acontecendo em nós, como, por exemplo, o fato de que a integração de *anima* e *animus* já está se efetuando em nós. E eles nos exortam a integrar *anima* e *animus* ainda mais em nós.

Sonhos com perseguição

Muitas pessoas também têm sonhos de perseguição, que são sonhos com sombras. Sempre que alguém me persegue, isto é sinal de que não aceitei alguma coisa em mim. O perseguidor é minha sombra. Pode ser uma pessoa, um sujeito escuro, que me indica meus lados escuros, ou um inimigo, que mostra que estou lutando contra mim mesmo. Às vezes, um homem me persegue. Ele me aponta meu *animus*, meu lado masculino, que integrei muito pouco. Ou sou perseguido por uma mulher, que representa o lado *anima* em mim. Seria importante examinar com mais atenção esses lados "anima/animus". É um homem grande, um homem escuro, um homem agressivo ou um homem simpático? É uma mulher bonita, agradável ou uma desagradável? Às vezes, é um criminoso que nos persegue. O criminoso revela o lado negativo do *animus*. Mantemos um contato tão escasso com nosso *animus* que ele aparece na máscara exagerada do criminoso. Às vezes, acordamos com medo. Outras vezes, ainda podemos nos proteger do criminoso e escapar dele. Ou então acordamos, porque já não podemos fugir.

A resposta correta para um sonho de perseguição seria continuar a meditar o sonho e imaginar que eu me viro, olho para o perseguidor amigavelmente e lhe pergunto por que está me perseguindo. Talvez, então, o perseguidor revele ser até mesmo alguém que quer me mostrar algo essencial. E talvez eu possa até mesmo abraçar o perseguidor. Isso significa que eu aceitei o desafio e uma porção de sombra se integrou a mim. Não é compreendendo algo intelectualmente e transformando-o numa intenção específica que integrarei a sombra, mas sim olhando para ela e me conciliando com ela. Eu não posso determinar o que acontece em mim pela minha meditação do sonho. Mas tenho confiança de que eu tenha me tornado mais ciente de minha sombra reprimida e que ela, assim, tenha se tornado uma parte de mim. Por exemplo, uma estudante de música escreveu-me: "Sonho que estou na cozinha. De repente, um jovem com uma faca vem em minha direção. Eu posso voar no sonho. E voo alto. Mas eu não sou rápida o suficiente para sair do lugar. O jovem me agarra pelo calcanhar. Então acordo cheia de medo". Ela me perguntava na carta o que o sonho significava. O sonho com perseguição sempre aponta para a sombra. Mas o significado exato da sombra não pode ser conhecido de fora para dentro.

Por isso seria útil falar com o perseguidor, ou seja, o jovem com a faca: "O que você quer de mim? Por que está me perseguindo? O que está tentando me dizer?" A estudante fez esse exercício. E depois da conversa interna com o jovem, este lhe entregou a faca. Então ela soube o que a faca significava. Ela sempre exercera grande pressão sobre si mesma e estava constantemente se comparando com os outros estudantes de música. A faca lhe dizia: Eu preciso me delimitar. Preciso recortar a medida adequada para mim e não devo me comparar o tempo todo com os outros. Esse foi, em última instância, um sonho útil. Muitas pessoas vivenciam um sonho de perseguição como pesadelo. Mas o pesadelo também só quer nos mostrar: Você tem de olhar para dentro dele incondicionalmente. Ele tem uma mensagem importante para você. Você não deve menosprezá-la.

Guerra e prisão

Os sonhos com guerra e prisão devem ser vistos de modo similar aos sonhos de perseguição. Eles mostram que estou em luta comigo mesmo, que estou combatendo o inimigo interno ou estou preso em mim, que sou mantido em cativeiro em mim mesmo por forças destrutivas. A guerra, muitas vezes, indica uma dilaceração interna. Aqui também é recomendável meditar o sonho, estendê-lo a Deus. Ele me diz, por meio do sonho com guerra, algo que de outra forma seria esquecido e me aponta um estado que me é incômodo. Se eu contar apenas com a oração, provavelmente deixarei de ver esse estado. Pois na oração eu posso dominar com palavras os crescentes pressentimentos. No sonho, não posso disfarçar nada, não posso reprimir nada, porque Deus me diz implacavelmente o que está ocorrendo comigo. Ele me leva a um autoconhecimento mais radical. Ele me revela meus pontos cegos. E, nos sonhos, Ele pode fazer isso de uma forma que eu não posso interferir.

Sonhos com animais

Animais aparecem em sonhos com frequência. Alguns animais nos perseguem. Outros nos acompanham. Todo mundo tem diferentes experiências com os animais. Portanto, o animal tem um significado próprio para cada um. Em primeiro lugar, devemos olhar para nossas próprias experiências e vivências com os animais e, em seguida, dizer o que espontaneamente nos vem à mente a respeito desse animal. Mas, de modo geral, pode-se dizer que o animal representa o lado instintivo das pessoas, sua vitalidade, sua sexualidade e a sabedoria do instinto. Em contos de fadas, é frequente que os animais auxiliem o príncipe quando este os trata com cuidado e carinho.

Um leão que me persegue me aponta minha agressividade, que eu não quero admitir, mas também minha força positiva, que eu não permito. O leão me convida a integrar esse lado poderoso, agressivo. Ele faria bem à atual fase de minha vida.

Uma cobra pode apontar-me minha sexualidade, mas também minha esperteza, meu instinto. Para Freud, as cobras sempre têm significado sexual. Mas isso é demasiado unilateral. A cobra é também uma imagem de forças primitivas especiais. Elas também representam, segundo todas as experiências psicológicas, um grande símbolo da energia psíquica. Quem se encontra com uma cobra durante um sonho descobre em si forças antiquíssimas, escondidas em seu inconsciente. Essas forças podem ser perigosas ou benéficas. Desse modo, a cobra pode exibir processos de cura em nossa alma ou até mesmo a experiência de transformação interior, de renascimento a partir do espírito. A cobra também pode ter um significado arquetípico. Jung fala de um jovem que sonhava "com uma grande serpente que vigiava uma taça de ouro numa cripta subterrânea" (JUNG. *GW* 8, 332). Aqui ela representa a imagem mitológica da prova de fogo de um herói.

Há também a cobra monopolizadora. Uma mulher sonhou com uma cobra grande. Ambas se olharam fixamente. Em seguida, a mulher pegou uma espada e decepou a cabeça da cobra. Em nossa conversa, a mulher percebeu que a cobra representava sua mãe, que queria monopolizá-la. O sonho indica que ela está no processo de se livrar da mãe e seguir seu próprio caminho. E, ao mesmo tempo, o sonho pretende reforçar essa tendência à independência.

Um homem sonhou que estava deitado na cama. De repente, pequenas cobras saem das paredes. Elas parecem ser venenosas. Ele fica com medo e não sabe como sair do quarto. Há cobras por toda a parte. Aqui as cobras parecem ter um significado sexual. O homem havia reprimido sua sexualidade até então. Ele tinha percorrido um caminho espiritual. Mas agora o sonho o obriga a lidar com sua sexualidade, a tornar-se ciente dela, a ver que ela também está presente nele e deve ser devidamente considerada. Ele não pode escapar do quarto sem fazer amizade com as cobras.

O cão, muitas vezes, representa a sabedoria da natureza. O cão é um companheiro fiel do homem, que o põe em contato com seu lado instintivo. Mas às vezes os cães também são hostis. Uma mulher contou a respeito de um sonho em que um grande cão preto e hostil vinha ao seu encontro. A mulher percebeu que não poderia fugir do cão. Então ela partiu corajosamente para cima dele. Quanto mais se aproximava dele, menor ele se tornava. E ele não era mais hostil, mas amigável. O sonho mostra que, por um lado, essa mulher tem medo de seu lado instintivo. Ela prefere confiar em seu intelecto. Mas agora ela está se conciliando com seu lado instintivo. Assim este perde sua dimensão hostil, que se torna familiar para ela e lhe dá um novo tipo de sabedoria.

O cavalo representa, com frequência, vitalidade e sexualidade dominadas. Um sacerdote me contou: sonhou que estava passeando e, de repente, um cavalo veio ao seu encontro. Ele montou no cavalo e cavalgou pela floresta. Passou por lugares que nunca tinha visto. Por fim, chegou a um relvado e desceu do cavalo. Então lhe ocorreu a questão: eu gostaria de continuar com o cavalo, mas tenho comida suficiente para alimentá-lo? O sonho mostra que o sacerdote está no processo de integrar seu lado vital. Este o conduz a novos campos e a uma nova vitalidade. Mas, ao mesmo tempo, o sonho é uma advertência: Como lido com o cavalo? Como posso nutrir e estimular esse lado vital em mim? – Mas nos sonhos não existe apenas o cavalo que me dá força e novas oportunidades. Há também cavalos que se tornaram selvagens ou correm com hostilidade ao meu encontro. Então seria importante enfrentar esses cavalos amigavelmente.

Gostaria de mencionar brevemente outros animais: a vaca representa a dimensão materna. A corça, a timidez e pureza da vitalidade e da sexualidade. O gato representa a vitalidade feminina e, ao mesmo tempo, a força e tenacidade do lado feminino. A lebre representa a fertilidade e a renovação contínua da vida. Galinhas cacarejando representam o que há de superficial nas pessoas. Camundongos e ratos são imagens das preocupações que nos roem.

Mas, em todas estas instruções, é preciso lembrar: os animais nunca são símbolos unívocos. Cada pessoa tem suas próprias experiências com eles. Assim, aqui também é importante dizer que eu associo a eles o que me vem à mente a seu respeito, o que o animal desencadeia em mim, o que ele me faz lembrar e o que quer me dizer agora.

Sonhos com crianças

Sonhos com crianças podem sempre ser entendidos como sonhos de promessas – não importa se são sonhados por mulheres ou por homens. Deus nos mostra que entramos em contato com nosso verdadeiro eu, com a imagem original que Deus fez de nós. Algo novo quer crescer em nós. Nós mesmos nos tornamos mais reais e autênticos. Mas, ao mesmo tempo, os sonhos com crianças também são sonhos de advertência. Pois, muitas vezes, durante o sonho não lidamos bem com a criança. Temos uma criancinha nos braços e a deixamos cair para que ela se machuque. Uma mulher disse que, no sonho, empurrava um carrinho com uma criança pequena. Em seguida, ela colocou o carrinho com a criança no porão e, à noite, – ainda no sonho – se lembrou de que o carrinho com a criança ainda estava no porão. Esse sonho lhe mostrou: algo novo nasceu em você. Você está diante de uma renovação interior. Mas você corre o risco de novamente reprimir o novo, de empurrá-lo para o porão, para o inconsciente. Um ano mais tarde, a mesma mulher sonhou com duas criancinhas bastante animadas, que ela carregava no colo, feliz com a vivacidade delas. Isso foi uma reação ao primeiro sonho com criança. Ela vivia mais conscientemente. Assim, o segundo sonho com crianças indicava sua transformação interior. Se escrevermos um diário de sonhos, poderemos ver que os sonhos frequentemente descrevem nosso caminho de desenvolvimento interior – que Jung chama de processo de individuação.

Outra mulher me escreveu: estou dando à luz. A parteira me ajuda no parto. A criança já saiu do útero, mas a cabeça não quer seguir. A parteira puxa e puxa. O pescoço do bebê se alonga. Mas a cabeça está presa. Em seguida, ela acorda aterrorizada. O sonho é uma boa notícia: algo novo nasceu em você. Você está se tornando autêntica. Mas ainda está faltando a cabeça. Você tem a tarefa de também refletir com a razão sobre o que está crescendo dentro de você. Atreva-se a pensar e refletir de maneiras novas sobre quais coisas externas devem ser mudadas em sua vida para que você possa viver autenticamente.

Sonhos com crianças são, com frequência, um sinal de que algo novo quer irromper em nós, que temos de entrar mais em contato com a criança interior e a imagem não falseada que Deus fez de nós. Evidentemente, há o caso de mulheres jovens que sonham com crianças e realmente anseiam por ter um filho. Mas esse tipo de sonho com crianças geralmente ocorre na meia-idade – tanto para mulheres como para homens.

Quando homens sonham com as crianças, isso é um retrato do novo e do genuíno, que quer reviver neles. Sonhos com crianças são, para homens, um convite para que tirem suas máscaras, abandonem seus papéis, se voltem para o verdadeiro eu e não se deixem definir por seu trabalho, mas entrem em contato consigo próprios. Sonhos com crianças mostram a todos nós que em nossa alma está ocorrendo algo, que estamos no caminho para descobrir nosso verdadeiro eu. E, ao mesmo tempo, nos mostram que devemos lidar com a criança dentro de nós com cuidado e carinho.

Eu mesmo uma vez sonhei com uma criança muito pequena, uma menina. Ela caía de uma escada. Eu a levanto. É tão pequena que cabe na minha mão. Pergunto à menina o que a aflige e o que ela deseja. Mas ela não reage. Mas, aos poucos, ela vai ganhando confiança e se mexe em minhas mãos. Volta à vida. Eu refleti sobre esse sonho. Por um lado, o sonho mostra que não lidei cuidadosamente comigo mesmo, meu eu mais íntimo, representado pela criança. Mas, ao mesmo tempo, o sonho mostra que estou entrando em contato com essa imagem original de Deus em mim. E a criança extremamente pequena – sonhos, de fato, têm, com frequência, imagens exageradas – tinha dois significados para mim: exortou-me a não negligenciar a criança divina em mim. E me mostrou que, justamente nas coisas insignificantes da vida cotidiana, eu deveria permanecer em contato com minha criança interior.

Sonhos com casamento

Algumas pessoas sonham com casamento. Na juventude esses sonhos podem ser expressão de seu anseio por um relacionamento firme. Mas se já estamos casados há muito tempo, esse tipo de sonho tem um significado diferente. O casamento entre homem e mulher é uma imagem da união de opostos, da conexão de *anima* e *animus*. É um casamento sagrado. Deus une os contrastes em nós. E assim nos tornamos o lugar da presença divina. Nada mais em nós é excluído da vida divina. Tudo pode participar na plenitude da vida, tudo anuncia essa vida.

Nós também, monges celibatários, podemos sonhar com casamento. Lembro-me de um sonho do meu próprio casamento. Mas não havia noiva. Fui sozinho para a igreja. E, apesar disso, houve casamento. Esse sonho me acompanhou durante o tempo em que trabalhei com Graf Dürckheim e observava meus sonhos. O sonho era um sinal de que eu estava no processo de me tornar inteiro, de integrar minha *anima* à minha vida monástica. O sonho me fortaleceu em meu caminho de celibato. Deu-me a confiança para que eu, mesmo sendo um monge celibatário, pudesse ser uma pessoa inteira: andrógino, conforme dizem os gregos. E o sonho me fez entender de nova maneira a história bíblica do casamento em Caná. Ali também, não se trata apenas da celebração exterior de um casamento; ao contrário, essa história mostra, em última análise, que o próprio Deus celebra casamento conosco, que Deus quer ser uno conosco.

Nudez

Às vezes, sonhamos que estamos nus ou com pouquíssimas roupas durante um evento social. Frequentemente nos sentimos constrangidos no sonho. Esses sonhos de nudez têm dois significados. De um lado, eles querem nos mostrar quão escassa é a roupa de nossa vida, como por trás de nossa fachada auto-confiante se esconde o pressentimento do vazio, da nudez e escassez interiores. Não conseguimos manter a nossa fachada. As pessoas olham através da fachada. De outro lado, este sonho também pode mostrar que estou no processo de ser real e autêntico. Eu renuncio à minha máscara. Eu me mostro para as pessoas tal como sou. Mas também preciso de coragem para me entregar desse modo. Para mim ainda é constrange-dor mostrar-me do jeito que eu sou. Eu mesmo co-nheço sonhos em que me é bastante natural e óbvio o fato de eu estar nu. Mas, de repente, penso no sonho em que os outros me olham e eu tenho de andar nu na frente de todos em direção ao meu quarto, para me vestir. Nesse caso, é algo desconfortável. Para mim, isso significa que ainda acho difícil mostrar-me dian-te das pessoas tal como eu sou. Eu quero mostrar o meu lado bom mais do que meu lado real.

Os sonhos onde estou descalço são semelhantes. Uma vez sonhei que entrava sem sapatos na igreja. Quando refleti sobre isso, reconheci no sonho um convite para levar a sério o chão, as realidades sim-ples e mundanas da vida cotidiana, não sair flutuan-do, mas ficar em contato com minhas forças naturais. Minha espiritualidade deve permanecer aterrada. Evi-dentemente, esse sonho pode também me lembrar a história da sarça ardente. Deus diz a Moisés: "Não te chegues para cá; tira os teus sapatos de teus pés; por-que o lugar em que tu estás é terra santa" (Ex 3,5).

Chegar muito tarde

Algumas imagens oníricas correspondem às imagens que Jesus nos mostra em suas parábolas. Na parábola das dez virgens, Jesus diz que as cinco virgens loucas chegam demasiado tarde e dão com a porta trancada do salão das bodas. Ao ouvir esta parábola, ficamos irritados com a severidade do noivo, que não tem compaixão pelas mulheres jovens, só porque elas chegam um pouco tarde demais. Mas também conhecemos esse tema em sonhos. O sonho – tal qual a parábola de Jesus – é um lembrete. Quem sonha que está sempre chegando atrasado mostra que ainda vive muito no passado e não no presente. A nós, ouvintes da parábola, Jesus nos adverte: "Vigiai!" (Mt 25,13). O sonho também nos dá essa admonição, quando estamos atrasados. Chegamos atrasados a um compromisso, atrasados para pegar o trem. O trem já partiu. Ao narrar isto dessa maneira, observamos que há algo aqui repleto de simbolismo. Há uma expressão popular que diz: você perdeu o trem. Já não faz sentido correr atrás dele. No entanto, o sonho não diz que ele partiu definitivamente. O sonho pretende, antes, fortemente nos alertar a viver no momento e não no passado. Caso contrário, o trem parte sem nós.

Essa imagem de chegar tarde para pegar o trem está frequentemente associada com inquietação interior: estamos fazendo a mala, mas não conseguimos terminar essa tarefa. Ou não encontramos a coisa certa. Vamos com a bagagem errada para o trem. Ou esquecemos o dinheiro ou o que é importante para nossa viagem. Podemos, então, perguntar o que está nos faltando para o caminho interior, que coisas importantes não estamos levando conosco. Pode ser o silêncio de que precisamos, a oração, a graça de Deus, que deixamos de lado. No entanto, também podem ser poderes e habilidades importantes que perdemos a oportunidade de desenvolver em nós. Se nós esquecemos o dinheiro, então nos falta a energia necessária, nos falta um valor pessoal incondicionalmente necessário para nossa viagem. Se fizermos um exame de consciência após esse tipo de sonho, vamos descobrir muitas coisas em nós que, sem o sonho, teriam permanecido ocultas.

Sonhos com portas fechadas

Há outro tema onírico semelhante: o sonho em que estamos diante de portas fechadas ou não encontramos a chave para a porta. Ou temos a chave errada. Trata-se de imagens de advertência: você está vivendo fora do seu coração, de sua alma. Você perdeu a chave para a sua alma. Você não está mais em contato com ela. Portanto, abra os olhos e viva a partir de seu coração e de sua alma – e não da opinião alheia. Jesus conhece essa linguagem de sonhos quando adverte as pessoas: "Quando o pai de família se levantar e cerrar a porta, e começardes a estar de fora e a bater à porta, dizendo: Senhor, Senhor, abre-nos; e, respondendo ele, vos disser: Não sei de onde vós sois" (Lc 13,25). Numa linguagem figurada, que é semelhante à linguagem dos sonhos, Jesus nos revela nosso estado interior, para nos exortar a nos converter, a acordar da ilusão e viver conscientemente.

Sonhos com caminhos

O caminho é uma metáfora importante de nossa vida. É por isso que frequentemente sonhamos estar em algum. Sonhamos que estamos trilhando caminhos desconhecidos ou inicialmente conhecidos, que, de repente, acabam. Então vagamos desesperados e procuramos determinado objetivo, uma cidade, uma casa. Ou permanecemos enraizados e conseguimos dar um passo adiante. Acreditamos que a cidade nos é familiar. Mas, então, o caminho conduz a uma casa. E não segue adiante. Ou nos perdemos na cidade. Tudo isso diz algo sobre nós: nós perdemos a orientação. Simplesmente vagamos, sem olhar exatamente onde atualmente nos encontramos.

Uma vez sonhei que devia ir com o meu irmão de bicicleta a uma cidade a 100km de distância, e que queríamos chegar lá à noite. Mas nós ficamos vagando em pequenas aldeias e não encontrávamos sinais indicativos para a cidade que era nosso destino. Não conseguíamos avançar. Nós nos distanciávamos mais e mais da cidade. E agora não sabíamos em que direção ir. Esse sonho foi, para mim, um grande impulso para eu me deter e saber com clareza para onde meu caminho realmente deve me levar. O sonho me mostrou que, por vagar de um lado para o outro, eu perdi a direção. Assim, um sonho é sempre um convite para um exame de consciência. Devemos perguntar a Deus o que Ele quer nos dizer, nas imagens desse sonho, sobre nosso estado atual e quais passos devemos empreender.

O caminho, nos sonhos, pode se estreitar. Temos de passar por ele, como no nascimento. Uma vida nova, mais intensa, nos espera do outro lado da estreiteza. Muitas vezes, nós nos vemos diante de uma encruzilhada. Não sabemos que direção tomar. Às vezes, os letreiros indicativos têm nomes estranhos para nos mostrar o caminho. Eles nos lembram de conteúdos espirituais que agora seria recomendável tornar conscientes. Às vezes, aparece um animal conhecedor do caminho (esse animal representa o instinto em nós). Ou é uma criança pequena ou até mesmo um anjo que nos orienta com segurança. Depois de tais sonhos, temos todos os motivos para agradecer a Deus por Ele nos mostrar o caminho e nos dizer o que devemos ouvir.

Sonhos com exames

Muitas vezes sonhamos com exames, e não apenas em tempos de exames escolares ou profissionais. Se hoje sonhamos com exames – mesmo que não haja exames concretos iminentes –, isto sempre mostra que estamos diante de um exame interno em nosso atual estágio de vida. Nesse caso, deveríamos nos perguntar o que está sendo testado. Quando um idioma é testado, posso me perguntar: O que o russo, o francês, o italiano ou o inglês significam para mim? Que qualidade eu associo a essas línguas? O russo representa a esfera religiosa, o italiano, a leveza do ser e o francês, o plano erótico? Quando sonho que estou perante um exame de matemática, então é possível que o sonho esteja dizendo que agora se faz necessário um pensamento claro, para que minha vida seja próspera.

Às vezes não sabemos qual é o conteúdo do exame. Simplesmente ficamos remoendo uma tarefa e temos a impressão de que não podemos terminá-la. O sonho exprime nosso medo de não podermos levar a cabo as tarefas atribuídas a nós, nem a carga de trabalho que nos é imposta; nosso medo de não resolvermos em tempo hábil um conflito maior e de não passarmos nos testes da existência. No sonho, somos exortados a dar uma resposta. Mas a questão é uma questão vital, levantada pelo próprio Deus. E, nesses sonhos com exame, a reação adequada continua sendo: estendê-los a Deus e perguntar-lhe que tipo de tarefa Ele está nos apresentando hoje, o que temos de aprender hoje para lidar bem com nossa vida.

Sonhos com números

Muitas vezes, determinado número desempenha algum papel no sonho. Por exemplo, sonhamos nitidamente que cinco homens nos acompanham, ou que são 15h30, ou que há nove quilômetros até a cidade mais próxima. Os números têm, com frequência, um significado simbólico. O 1 representa a unificação e a unidade. O 2 significa a polaridade: homem e mulher, consciente e inconsciente, esquerda e direita. O 3 designa os três âmbitos no ser humano: corpo, alma e espírito; estômago, coração e cabeça, ou como diz Agostinho: intelecto, vontade e *memoria* ("memória"). Muitas filosofias dividem o ser humano em três âmbitos. O 4 representa o terreno, os quatro elementos. O 5 é o número do ser humano: o terreno possui um centro. E o 5 é também a passagem para o divino. E também falamos da *quinta essentia* (quintessência), daquilo que junta e une tudo. O 5 é o número mais importante na China, pois os chineses se referem aos cinco elementos que inter-relacionam todas as coisas. E eles conhecem o quinto ponto cardeal, que conduz às profundezas da terra. E, uma vez que cinco autores clássicos escreveram as grandes obras do confucionismo, o 5 representa a sabedoria humana.

Os números têm, portanto, significados diferentes nas diversas culturas. O 6 representa o dia a dia, os seis dias de trabalho. O 7 significa transformação, a penetração do terreno pelo divino. O 8 é o número da transcendência e da infinitude. O oitavo dia é o dia da ressurreição. O budismo conhece o caminho óctuplo para a felicidade, os cristãos conhecem as oito bem-aventuranças, que descrevem o caminho de Jesus para a vida próspera. O 9 – três vezes três – representa os nove âmbitos no ser humano, como os descreve o eneagrama. O 10 representa a inteireza; o

12, a comunidade e capacidade de relacionamento. O 14 é o número do auxílio e da cura, que está expresso nos quatorze auxiliares ou nas quatorze estações da Via Sacra.

Gostaria de dar um exemplo de um sonho com exame que, ao mesmo tempo, está ligado a números. Uma mulher tinha a impressão de que havia se esforçado bastante para se desenvolver tanto espiritual como psicologicamente. Mas nada disso tinha adiantado. Ela tem a impressão de que não conduz sua vida. Nessa situação, ela tem um sonho que parece confirmar seu sentimento subjetivo. Mas os números dão ao sonho uma direção diferente: essa mulher sonha que tem um exame. Mas não sabe em que matéria será examinada. O número de seu exame é 803. Em seguida, faz o exame. O sonho termina com seu professor devolvendo o exame e dizendo: "Você não passou. Você tirou apenas 7". O professor representa seu juiz interior, que lhe diz que ela não domina sua própria vida. Mas os números dizem algo diferente. O número 803 indica, por um lado, que ela está aberta a Deus (o 8) e que ela está prestes a testar todos os três âmbitos em si mesma. O professor lhe diz que ela não passou no exame porque tirou apenas 7. Mas tirar sete é a melhor coisa que lhe poderia ter acontecido. O 7 representa a transformação. Conhecemos os sete sacramentos e os sete dons do Espírito Santo. A nota sete é suficiente para essa mulher, pois transforma seus pontos fracos, na medida em que o Espírito Santo a permeia. Por outro lado, os números também transformam o sonho, que inicialmente parece significar renúncia, em um sonho de esperança.

Sonhos com palavras

Às vezes ouvimos uma palavra durante um sonho. Muitas vezes não sabemos de onde veio a palavra. Mas esses sonhos são sempre importantes. Às vezes, essas palavras que ouvimos são como uma chave. O problema é que, por vezes, não conseguimos nos lembrar da palavra ao acordar. Só sabemos que ouvimos uma palavra importante. Então seria aconselhável simplesmente confiar em que Deus passou uma mensagem importante à nossa alma. Talvez em algum momento nos lembremos da palavra. Se não, pelo menos se trata de uma palavra que marca nosso inconsciente. E podemos acreditar que tal palavra nos guiará em nosso caminho.

Uma mulher que, apesar de todos os cursos de autodefesa que fizera, havia sido estuprada narrou-me um sonho que, para ela, significou o início de uma cura. Ela estava realizando os exercícios espirituais individuais comigo. Os primeiros dias foram dedicados à lamentação, não apenas sobre o estupro, mas também sobre o abuso sexual na infância, que o estupro novamente trouxera à consciência. Tinha medo de que a natureza, em que ela se sentia tão feliz, mas que tinha sido o cenário de seu estupro, não pudesse mais lhe oferecer abrigo. Ela estava desesperada. Mas, então, sonhou que uma criança estava sentada cantando uma canção infantil. Essa canção foi, por assim dizer, a "palavra" para ela: formas negativas exteriores assediavam essa criança. Mas ela não tinha medo. Em sua canção, ela dizia que podia fazer gato-sapato dos gigantes. Esse sonho foi o começo da cura. A mulher recobrou confiança. Quando cantava interiormente essa canção infantil, os gigantes, os homens hostis não tinham mais poder sobre ela.

Sonhos com voo

Algumas pessoas sonham que podem voar. O voo pode ser interpretado de diferentes maneiras. Como todos os símbolos oníricos, o voar também é ambivalente. Pode significar que estamos fugindo dos problemas diários. Mas, geralmente, ele tem um significado positivo. Significa que posso escapar dos problemas da vida cotidiana e olhar para a situação de um ponto de vista mais elevado. Uma mulher, mãe de quatro filhos, me disse que, às vezes, tinha o seguinte sonho: está voando na altura do teto e, daí de cima, vê o caos na família e os conflitos entre os filhos. Você pode se esquivar do envolvimento direto e, de certa distância, tem uma visão mais objetiva do que está se passando na família. E pode, em seguida, enxergar uma solução para os problemas.

Se sonhamos que estamos voando e flutuando sobre belas paisagens, entramos em contato com a leveza de nossa alma. Nossa alma, por assim dizer, ganha asas. Ela pode escapar dos problemas cotidianos, para se recolher em si mesma. Ao voar, podemos facilmente nos desviar dos obstáculos que se interpõem no caminho. Simplesmente voamos acima deles. Então nada mais está em nosso caminho. No entanto, o voo não deve significar fuga, mas apenas um recolhimento no espaço interno da alma, de onde poderemos então enfrentar os conflitos do cotidiano. Quando prolongamos interiormente esse tipo de sonho, é recomendável pensar no pouso, para recuperar o chão sob os pés.

Sonhos coloridos

Muitas pessoas sonham em preto e branco. Outras não sabem se sonham em cores ou preto e branco. Mas, às vezes, temos plena consciência das cores no sonho. Vemos, por exemplo, um arco-íris. Ou uma bola tem claramente uma cor vermelha ou verde. Tudo isso pode ser importante. Pois as cores também têm um simbolismo mais profundo: o verde representa a vitalidade e o frescor, a renovação interior do homem. E o verde dá uma sensação de calma. Estou deitado sobre a grama verde e descanso. O azul representa o céu e a transcendência. Os românticos falam da flor azul, que eles buscam. Ela os leva para além do terreno e abre os céus sobre sua vida. O marrom representa a terra. O preto representa tristeza, mas também a escuridão em nós. Por outro lado, o preto também pode significar solenidade e santidade. O vermelho representa o amor, mas também o fogo, a sexualidade e a paixão. O amarelo é a cor do espírito. No entanto, um amarelo brilhante pode indicar a ruptura do espírito. E o ouro é a cor de Deus. Deus doura nossa vida. O branco representa clareza e pureza. Roxo é a cor da fusão, a união do masculino e do feminino em nós.

Não devemos interpretar as cores. Basta deixar as cores simplesmente agir sobre nós. Então, vamos perceber que o sonho tem uma coloração da alma bastante específica. A cor expressa nosso estado de espírito. Esses sonhos com cores nos convidam a integrá-las de modo mais consciente em nós, para que entremos em contato com a qualidade da alma que elas refletem.

Sonhos com decisões

Muitas vezes, os sonhos nos ajudam a tomar decisões. Por exemplo, uma mulher tinha se candidatado a um emprego como bibliotecária e recebido uma resposta positiva. Mas à noite, antes mesmo de visitar a biblioteca, ela sonhou que lá imperava uma situação caótica. Em seguida, recusou o emprego. O sonho lhe tinha transmitido um sentimento tão claro que ela tomou uma decisão clara para si mesma. Eu mesmo não a teria aconselhado a recusar o emprego exclusivamente por causa do sonho. Pois eu me lembro do que diz C.G. Jung: não devo transferir a decisão para o sonho. O sonho é uma ajuda importante no caminho da tomada de decisão. Mas tenho de tomar a decisão conscientemente, com minha razão e minha vontade.

Mas, antes das decisões, podemos pedir a Deus que nos envie um sonho, para que contemplemos a situação de outro ponto de vista.

Uma vez um jovem veio até mim para realizar os exercícios espirituais. Ele queria decidir, nos exercícios, se deveria se casar com a namorada, com quem estava junto havia cinco anos, ou se separar dela. Os motivos puramente racionais não levavam a uma decisão clara. Mas, durante os exercícios, ele teve sonhos que fortaleceram sua decisão de se casar com a namorada. Mas, ao mesmo tempo, os sonhos lhe apresentaram uma tarefa. Em um sonho, ele ia com a noiva para o casamento na igreja. De repente, começaram a discutir no meio do caminho. Ele gritava para a noiva: "Não, não vou me casar com você!" Mas, apesar disso, o sonho terminava com ambos no altar da igreja. O sonho lhe disse: Você deve ser capaz de dizer "não" antes de realmente poder dizer "sim". O jovem se sentia pressionado por seu entorno a se casar com a namorada porque fazia muito que estava com ela. O sonho mostrou-lhe: "Sou livre para dizer sim ou não. Apenas quando eu sentir essa liberdade poderei realmente decidir em favor de minha mulher". Os sonhos influenciaram esse jovem mais do que quaisquer considerações racionais. Eles o levaram a uma clareza interior e o encorajaram a optar por sua esposa.

Nem sempre os sonhos são tão claros a ponto de podermos tomar uma decisão. Mas devemos envolver os sonhos em nossas discussões. No sonho Deus pode apontar algo que havíamos negligenciado em nossas reflexões. Mas a decisão subsequente é, em última instância, um ato de vontade, que devemos tomar conscientemente após as considerações racionais e a percepção das imagens oníricas.

Sonhos com água

A água no sonho representa o inconsciente e o feminino. Mas tudo depende de como a água se apresenta em meu sonho. Por exemplo, um homem sonhou que água brotava de fonte límpida em seu porão. Isso foi uma promessa para ele: No meu inconsciente há uma fonte refrescante da qual posso haurir. Outro homem sonhou que estava nadando numa lagoa escura. Mas, quanto mais nadava, mais clara se tornava a água. O sonho mostra que seu inconsciente estava bastante turvo. Mas o sonhador tem a coragem de enfrentar o inconsciente. Ele nada nele. E quanto ele mais trabalha com o inconsciente, mais claro este se torna.

Às vezes sonhamos com inundações. Estamos andando por um caminho. Mas, de repente, a estrada termina em água. Reconhecemos que não podemos ir em frente. Então recuamos. Mas agora a água sobe em todos os lugares, e temos dificuldade de encontrar um caminho até a terra seca. Desse modo, um sonho tenta nos dizer que estamos inundados pelo inconsciente. Ao que parece, em nosso inconsciente há muitas coisas que ainda não contemplamos. O sonho nos exorta a nos preocuparmos com o inconsciente, para que ele não nos inunde.

Há sonhos com rios que nos arrebatam, ou também com um lago em que nadamos tranquilamente. E há sonhos com mar. Às vezes, nós nos sentimos fascinados pelo poder do mar. Mas então há sonhos em que o mar nos causa medo. Nesse caso, deveríamos nos perguntar o que nos dá medo em nosso inconsciente. E o mar nos mostra que o caminho de nossa vida não está seguro, mas atravessa um mar tempestuoso.

Sonhos em fases de transição

Carl Jung já observou que as pessoas têm sonhos importantes principalmente em situações de transição, sonhos que podem ajudá-las a fazer a transição de uma fase para a outra. Ingrid Riedel, que bebeu da psicologia junguiana, escreveu um livro sobre sonhos como um guia para novas fases de vida. Em sua prática terapêutica, ela observou que tais sonhos, nas diferentes fases da vida, existem para nos dar coragem para nos aventurar em novos passos na vida. Por exemplo, sonhos com queda ou sonhos com transformação são típicos na puberdade. Ingrid Riedel menciona o sonho de uma moça de 18 anos de idade. Ela sonha que uma parente está cozinhando uma garotinha numa chaleira com água fervente. Ela reconhece no sonho que, em última análise, ela é menina que, com esse banho, deve se converter em mulher adulta (cf. RIEDEL, 56s.).

Como exemplo da situação de transição na meia--idade observada por Ingrid Riedel, eu gostaria de citar o caso de um artista de 52 anos de idade que sonha que recebe a tarefa de proteger uma bela cidade no deserto da areia que poderia cobri-la. "A cidade, numa bela localização, pode representar a sua própria porção de vida cultivada, que ele, artista profissional, realmente construiu e expandiu. Nesse sonho, ele sente que ela é algo valiosa e que ele deseja proteger contra as forças da natureza, em última análise, contra a transitoriedade da vida humana" (RIEDEL, 126). Ele teve esse sonho numa fase em que estava desanimado e considerava sua obra desvalorizada em face da transitoriedade de todas as coisas. "O sonho o desafia e lhe mostra seus recursos e ideias: a juventude criativa nele, que ele pode contrapor ao soterramento" (RIEDEL, 127). Com as palavras de Romano Guardini, Riedel descreve a fase de transição aos cinquenta anos de idade como a fase do "homem desiludido". Sua tarefa é "preservar o que foi construído na vida e protegê-lo contra a transitoriedade, mesmo que esta um dia o alcance" (RIEDEL, 127).

Morte e sepultamento

Muitas vezes sonhamos com morte. Sonhamos que nós mesmos estamos morrendo ou uma pessoa com quem nos sentimos ligados. E sonhamos com falecidos. Eu gostaria de considerar alguns desses sonhos. Muitos se assustam quando sonham que eles próprios estão morrendo. Mas esse tipo de sonho não indica morte iminente. Em vez disso, significa: nossa velha identidade morreu ou deve morrer. Esse sonho tem sempre dois lados: a garantia de que o sonhador está abandonando sua velha identidade e, ao mesmo tempo, a exortação para deixar o que é velho morrer e encontrar uma nova identidade.

Outras pessoas sonham que um conhecido está morrendo. Então passam a ter medo de que esse indivíduo realmente morra. Mas esse sonho normalmente quer dizer outra coisa. Interpretado no nível do objeto, ele significa que o relacionamento com esse indivíduo está morto. O sonho mostra o estado de meu relacionamento com ele. Cabe à minha decisão consciente renovar o relacionamento ou deixá-lo morto. O sonho em si não diz nada a respeito. Às vezes sonhamos que o pai ou a mãe está morrendo. Isto é, geralmente, um sinal de que o pai e a mãe não nos determinam mais, de que estamos livres deles. Trata-se, portanto, de sonhos absolutamente positivos. Eles não têm nada a ver com a morte iminente dos pais, mas com sua morte psíquica, que nos convida a uma maturidade independente.

Há também sonhos com cemitério. Sonhamos com um túmulo vazio onde alguém deve ser enterrado. Mas não sabemos quem será enterrado ali. A imagem do enterro num sonho indica que devemos "enterrar" alguma coisa – conflitos antigos, por exemplo, mágoas antigas ou velhos padrões de vida. Devemos enterrá-los para nos reerguermos com maior autenticidade e vitalidade. O que devemos enterrar pode ser mostrado por uma conversa com o sonho ou por um olhar atento aos símbolos que aparecem em tais sonhos. O importante é sempre aquilo em que pensamos quanto ao enterro. Geralmente, temos uma noção de sua intenção. O sonho nos dá apenas o estímulo para implementá-la.

Além disso, há sonhos em que os mortos aparecem para nós. Nas primeiras semanas após a morte de um ente querido, tais sonhos são muitas vezes uma ajuda para processar o luto. Uma jovem perdeu a amiga num acidente de moto. Nos primeiros dias após o acidente, ela sonhou que censurava a amiga por não ter prestado atenção. Mas depois de três semanas, os sonhos eram diferentes. A falecida lhe apareceu numa túnica brilhante e lhe disse: "Eu estou bem". Esse sonho fortaleceu a enlutada. Deu-lhe a confiança de que a amiga morta está com Deus, está em paz. E os sonhos também lhe mostraram que ela podia se despedir da amiga.

Por fim, existem os sonhos com pessoas há muito falecidas. O pai morto ou a mãe morta aparece em sonho. Às vezes, os mortos estão simplesmente presentes. Sabemos que estão mortos, mas continuam existindo como antes. Apenas sorriem e não dizem nada. Esses sonhos podem ter dois significados: por um lado, os pais falecidos estão me dizendo que aprovam minha vida, que eles concordam com o que eu estou fazendo e como estou vivendo agora. Por outro, esses sonhos podem indicar que eu agora, em minha situação atual, preciso das qualidades que meu pai ou minha mãe representam.

Às vezes, os mortos também nos dizem algumas palavras. São sonhos particularmente preciosos. As palavras são como um legado do falecido para nós. Certa vez, quando tentamos executar um difícil projeto de construção no mosteiro, houve grande resistência. Eu já queria desistir, quando sonhei com o nosso mestre de noviços, já falecido. Ele me incentivou: "Tenha confiança. Vai dar tudo certo". Essas palavras me deram coragem para continuar o projeto. Uma mulher me contou que seu filho falecido lhe disse: "Cuide de minha irmã. Ela precisa de você". Estas palavras foram, para a mulher, uma exortação para não perseverar no luto, mas dedicar-se à filha.

Às vezes, as palavras dos mortos são palavras de consolo ou de incentivo e reforço. Devemos sempre ser gratos quando ouvimos uma palavra de um falecido. Às vezes, também, somos tocados por um ato dos pais falecidos. Certa vez sonhei que estava com o Padre Daniel e alguns estudantes na casa de meus pais. Minha mãe abraça calorosamente o Padre Daniel, que diz: "Agora sei de quem o Padre Anselm ganhou seu grande coração". Quando, durante esse sonho, quis falar com minha mãe sobre o Padre Daniel, ela simplesmente não reagiu; então, de repente, percebi que, na verdade, ela estava morta já fazia muito tempo. Esse sonho me encheu de gratidão. Senti o que eu devo à minha mãe: magnanimidade, liberdade e cordialidade.

Às vezes, as pessoas me relatam, amedrontadas, que sonharam que o pai ou a mãe falecidos não estão bem. Sonham que eles estavam doentes ou vestiam um sobretudo rasgado. Acham que isso significa que os pais ainda estão no purgatório ou que suas almas estão vagando por aí. Mas esses sonhos não dizem nada sobre o destino dos mortos, mas sim sobre nossa relação com eles. Podemos confiar que o falecido está com Deus. Mas nossa relação com ele não está em ordem. Há algo doente. É preciso examinar e esclarecer nossa relação com eles. Então deixaremos de ter esse tipo de sonho.

Sonhos que predizem o futuro

Um coirmão, que era professor de Biologia, me disse que cerca de três por cento das pessoas têm um dom mediúnico. Essas pessoas, por exemplo, são sensíveis à radioestesia. Outras não sentem nada. Tais pessoas com talento mediúnico às vezes sonham com algo que diz respeito ao futuro. Uma mulher me contou que sonhara com a casa de seu filho, onde nunca estivera. Um ano depois, ela o visitou nessa nova casa e constatou que ela era exatamente como tinha visto no sonho. C.G. Jung fala desses casos de sonhos prospectivos ou sonhos telepáticos. Ele reconhece a realidade de tais sonhos, mesmo que ele não tenha justificativa científica para isso. Às vezes, ele fala do "mundo uno" – *unus mundus* – do qual participamos em sonhos. E nesse mundo uno – sob o mundo consciente – tudo é uno. Jung diz que, geralmente, esses sonhos telepáticos são acompanhados por emoções violentas, tal como na situação em que, por exemplo, sonhamos com a morte de um ente querido. Às vezes, porém, eles também se referem a algo trivial, "por exemplo, o rosto de uma pessoa desconhecida e totalmente indiferente, ou um determinado arranjo de móveis num lugar indiferente sob condições indiferentes" (JUNG. *GW* 8, 299).

Algumas pessoas me relatam que previram a morte de alguém em sonho. Quando voltam a sonhar com a morte dessa pessoa, são tomadas pela angústia. Não sabem como devem se comportar: Informam ou não a pessoa com quem sonharam? Uma mulher sonhou, por exemplo, que sua irmã caía na montanha. Ela sabia que a irmã estava em excursão com o marido nas montanhas. Ligou para a irmã e pediu-lhe que tomasse cuidado. Mas, num lugar que, de fato, não representava perigo, a irmã realmente escorregou e sofreu uma queda fatal. Quem tem esse talento mediúnico deve rezar pelas pessoas em questão. Deve entregar tudo para Deus. Não há nenhuma garantia de que o sonho se realizará ou não. De nada adianta provocar medo nas pessoas contando-lhes nosso sonho. Nós só podemos orar para que Deus mantenha sua mão protetora sobre essas pessoas.

Sonhos numinosos ou espirituais

Todos os sonhos que descrevi até aqui também podem ser interpretados num nível puramente psicológico. Mas, para mim, eles são também uma mensagem de Deus. Dizem-me que posso pôr em relação com Deus tudo o que há em mim, para que tudo possa ser transformado em mim.

Além disso, há sonhos puramente religiosos, que podem fortalecer minha fé. C.G. Jung os chama de numinosos. Por exemplo, sonhamos que estamos sentados dentro de uma igreja ou fazemos alguma coisa ali. Ou somos testemunhas de ações sagradas. Ou encontramos numa igreja coisas que não pertencem a ela. Sonhamos com fezes sobre o altar. Isso não quer dizer que o mais sagrado em nós foi profanado, mas pode ser um sinal de que tudo se transforma em nós, até mesmo o escuro e aparentemente sujo em nós. Tudo o que vemos na igreja também faz parte dela. Talvez o tenhamos incorporado muito pouco à nossa fé. Talvez ainda estejamos vivendo muito no conflito entre as forças religiosas e vitais, entre o anseio religioso e nossos instintos. Sonhos com igreja nos mostram o que está acontecendo em nossas almas ou qual é nossa missão e o que temos negligenciado até aqui. Quando há uma reconstrução constante na igreja do sonho, isso é um sinal da situação da minha fé. No caso de sonhos com igrejas, também inexistem receitas interpretativas prontas. Devemos tentar interpretar a nós mesmos e à nossa situação atual no espelho do sonho. Isso só será bem-sucedido se estabelecermos um diálogo entre sonho e realidade. O sonho, então, nos explica a realidade de nossa vida; e o olhar sobre nossa situação concreta permite, por sua vez, decifrar a mensagem do sonho.

Eu, por exemplo, sonho frequentemente que estou celebrando uma missa. E, muitas vezes, ela é diferente do que eu havia planejado. Certa vez, sonhei que eu celebrava a Eucaristia juntamente com o abade. E fazíamos nossos próprios rituais. No ofertório, por exemplo, segurávamos o relógio sobre as oferendas, para que o tempo frenético se transformasse, e o abade me chamava de artista da transformação. Esses sonhos com serviços religiosos não são necessariamente sonhos numinosos. Mas eles exprimem temas religiosos e espirituais. Eles mostram, em imagens e símbolos, alguma coisa da espiritualidade que normalmente permanecem ocultos na vida consciente.

Às vezes, sonhamos claramente que Jesus caminha ao nosso lado. Ou Maria aparece para nós. Por exemplo, uma mulher que não era particularmente devota de Maria e, pelo contrário, tinha certo ceticismo em relação a ela me disse que, de repente, tinha visto Maria ao seu lado em seu quarto. Para ela não se tratava de sonho, mas de realidade. Mas, de qualquer maneira, essa visão pode ser interpretada como sonho. Maria lhe apontou seu próprio lado feminino e, ao mesmo tempo, seu lado espiritual. Por meio desse sonho Maria, que carrega Deus em si, apontou para a dimensão mística desta mulher: Deus também vive nela, e a Palavra de Deus quer fazer-se carne. Outros sonhos numinosos são marcados por intensas experiências luminosas. Vemos uma luz e sabemos que Deus nos circunda com sua presença luminosa. Esses sonhos são sonhos úteis. Devemos sempre nos lembrar deles na vida cotidiana e meditar sobre eles. Então eles podem exercer seu efeito terapêutico sobre nós.

Um sacerdote que sofria de depressão me disse que, em sonho, se viu circundado por uma luz brilhante. O sonho não só foi um remédio para sua depressão, mas também fortaleceu sua fé. Não é preciso interpretar esse sonho. A luz simplesmente representa a presença terapêutica de Deus. Eu deveria tão somente meditar esse sonho, contemplar a imagem da luz, para que ela penetre mais profundamente em todas as áreas escuras de minha alma e expulse de mim todas as dúvidas sobre a presença de Deus.

Sonhos numinosos também podem ser sonhos em que aparecem símbolos religiosos. No sonho, vemos uma esfera luminosa ou uma cruz radiante. Nesses símbolos, a proximidade terapêutica de Deus se mostra para nós, uma proximidade que aperfeiçoa tudo em nós ou – na imagem da cruz – une todos os opostos em nós. Às vezes, ouvimos uma palavra durante um sonho. Pode ser uma palavra esclarecedora ou até mesmo uma ordem. Nós não sabemos de onde a palavra vem e quem a diz. Ela apenas parece ressoar do céu. Essas palavras são sempre palavras sagradas. Às vezes, depois de acordar, não temos mais certeza do que ouvimos. Então, basta meditar sobre o fato de que Deus falou comigo e quer me dizer alguma coisa.

6
As regras para lidar espiritualmente com os sonhos

O caminho espiritual e o inconsciente

Se seguíssemos as regras de muitos livros sobre sonhos, precisaríamos de uma hora por dia para nos ocuparmos com eles. Acho isso um exagero. Não devemos fazer dos sonhos um culto. O sonho é um lugar de encontro com Deus, entre muitos outros. E devemos observar nossos sonhos, bem como nossos pensamentos, sentimentos e nosso corpo. Quando dedicamos mais atenção ao mundo dos sonhos do que aos nossos pensamentos e ações reais, isso também pode ser uma fuga da realidade e também, portanto, de Deus. Jung adverte contra o "perigo, para quem se ocupa demasiado com a análise de sonhos, de superestimar a importância do inconsciente para a vida real" (JUNG. *GW* 8, 291). Por isso, trata-se sempre de ver devidamente esses dois pontos: observar e compreender a vida consciente e, ao mesmo tempo, perceber o inconsciente dos sonhos como complemento da visão consciente.

Estou interessado principalmente na ocupação com os sonhos numa trajetória espiritual. Meu interesse no sonho não nasce de curiosidade psicológica, mas da exigência espiritual de abrir todas as áreas da minha vida para Deus. Isso significa, não uma indevida psicologização da vida espiritual, mas uma continuação do caminho espiritual até adentrar o inconsciente. Aqui também pode haver exageros. Uma freira disse que não podia ir à oração das horas pela manhã porque primeiro tinha de analisar seus sonhos. Para mim isso soa como um círculo narcisista em torno de si mesmo. Tive impressão de que faria bem à irmã confrontar-se com os Salmos, que a levariam para fora do círculo em torno de si mesma. Corremos o risco de alçar nossos sonhos a uma posição de ideologia e não mais perceber que fugimos para o mundo dos sonhos, em vez de enfrentar a vida. Damos uma aura tão interessante à nossa personalidade apenas para poder fugir das exigências normais da vida.

Alguns acham perigoso ocupar-se com os sonhos sem conhecimento psicológico suficiente e sem acompanhamento terapêutico. A ajuda de um perito em sonhos certamente faz bem. Mas não precisamos ter muito medo de cometer constantes erros na interpretação de nossos sonhos. Todo mundo tem por si só uma noção do que podem significar os sonhos. Se a pessoa tem sensibilidade para imagens, ela também pode se empatizar com as imagens oníricas e reconhecer o que elas significam. Nos sonhos ela encontrará imagens semelhantes às que aparecem na Bíblia, nos mitos e contos de fadas, mas também na linguagem figurada das concepções populares.

Morton Kelsey, o religioso e psicólogo americano já mencionado, que durante anos se ocupou com seus sonhos por interesses espirituais, escreve sobre sua experiência: "Há 20 anos me ocupo com os sonhos dos outros e há 25 anos, com meus próprios sonhos. Nunca vi um sonho induzir ao erro alguém que não o tenha levado ao pé da letra, mas olhado para ele simbolicamente. Também descobri que o sonho pretende nos mostrar como poderíamos chegar à inteireza... O trabalho com sonhos produz amiúde um sentimento de satisfação. Contudo, não temos oportunidade de descansar sobre os louros, porque, tão logo se instala a sensação de que tudo está resolvido e em ordem, Deus nos mostra novas áreas em que temos de trabalhar. Embora há muito esteja envolvido com meus sonhos, a cada ano descubro algo novo, que preciso considerar para me revestir mais da imagem que Deus tem de mim" (KELSEY, 81).

Portanto, é importante ao lidarmos espiritualmente com os sonhos: que nós nos adentremos mais e mais na imagem que Deus fez de nós, que nos unamos a Deus com nossas forças conscientes e inconscientes e sejamos sempre mais transformados por seu Espírito. O inconsciente não é o domínio da psicologia, mas também uma área na qual Deus atua e na qual, às vezes, podemos ouvi-lo mais facilmente do que em nosso mundo consciente, que é dominado por nós mesmos. "O mundo interior, o mundo dos sonhos parece ser mais acessível à ação de Deus do que o mundo externo", diz Kelsey, 81.

Muitos não conseguem se lembrar de seus sonhos. E a vontade de se ocupar com os sonhos de nada lhes servirá. Eles dizem que simplesmente não sonham. Mas não só está cientificamente comprovado que todos sonham, mas também que pessoas constantemente impedidas de sonhar adquirem doenças físicas e mentais. A interpretação que alguns psicólogos dão ao fato de muitos não se lembrarem dos sonhos é que isso seria uma repressão: a pessoa não quer se lembrar dos sonhos porque quer se esquivar das visões desagradáveis. Mas tenho certa reserva em relação a esta interpretação: talvez alguém, por ora, não precise de seus sonhos porque já vive de modo bastante consciente e porque em oração e silêncio já se confronta honestamente consigo mesmo. Talvez o inconsciente também o proteja da lembrança porque nesse momento uma confrontação com os sonhos poderia sobrecarregá-lo. E é certamente bastante normal que, em tempos de grande estresse e tensão, não consigamos nos lembrar dos sonhos. Há fases de sonhos intensos e fases em que nos lembramos muito pouco. Não devemos, então, buscar os sonhos obsessivamente. Quando produzimos sonhos com constância, isso também pode ser uma repressão. Segundo Ann Faraday, uma pesquisadora de sonhos inglesa, uma psicoterapia pode evocar no máximo dois ou três sonhos na semana. Sonhos também podem nos sufocar. E sonhos em demasia são, com frequência, uma resistência à terapia e um "método para eludir questões importantes". Basta, portanto, nos exercitarmos por um tempo na lembrança dos sonhos, ocupando-nos conscientemente com eles e os anotando. Também podemos estar confiantes de que os sonhos importantes "pedirão a palavra", contanto que estejamos fundamentalmente abertos para isso. Outro ponto relevante é que não devemos nos comparar com os outros a esse respeito. Nós simplesmente temos disposições diferentes. Uma pessoa é, por natureza, sensível a seus sonhos. Vive com eles e com base neles. Para outra, eles são um mundo estranho. Mesmo quem aprende a perceber seus sonhos não deve se colocar sob pressão para superar os outros com seus sonhos. Trata-se de encontrar o justo equilíbrio. Para mim é particularmente importante evitar avaliações ao lidarmos com os sonhos. Quem sonha muito não deve se vangloriar disso, mas ser grato. Quem sonha pouco não deve se sentir inferior. Podemos nos exercitar a prestar mais atenção aos sonhos. Mas não podemos nos obrigar a ter sonhos.

Antes de descrever sete passos para mostrar como lidar adequadamente com os sonhos, eu gostaria de mencionar os três princípios cristãos que se aplicam não só à interpretação dos sonhos, mas a toda nossa vida: fé, esperança e amor. Se Deus envia um sonho a uma pessoa, Ele quer, em última análise, comunicar uma boa notícia, mesmo que essa mensagem às vezes possa ser dolorosa. Então, com nossa interpretação dos sonhos, nunca devemos incutir medo na outra pessoa, mas sempre lhe dar a esperança de que Deus o acompanha e conduz tudo para o bem. Além disso, é preciso demonstrar amor a quem nos conta um sonho. Amor significa: benevolência para com o sonhador, renúncia a qualquer avaliação e julgamento. Trata-se sempre de aceitar o outro incondicionalmente e de lidar bem com ele. Quando tentamos nos simpatizar com o sonho do outro e compreendê-lo, isso deve ser feito sempre com amor e na confiança de que o sonhador pode experimentar, em seu sonho, um pouco do amor de Deus, que o leva gentilmente pela mão, para conduzi-lo a uma vida ainda mais rica e genuína.

Sete passos para lidar espiritualmente com os sonhos

O *primeiro passo* refere-se à atenção aos sonhos. Inicialmente, peço um sonho a Deus à noite. Peço a Deus que Ele fale comigo em sonho, que me mostre como estou e me aponte um caminho para o futuro. Não posso ter um sonho à força por meio da oração. Mas, em todo caso, ela me deixa mais aberto. A oração da noite sempre teve o significado de nos entregarmos nas mãos de Deus durante o sono para que Ele possa agir sobre nós. Esperamos que a oração da noite nos proporcione bons sonhos. Desse modo, o hino eclesiástico das Completas reza para que Deus nos proteja de pesadelos. Segundo os monges, adormecer sem oração e introduzir nossa ira no sono provoca pesadelos. A oração da noite é, portanto, uma peça de higiene da alma, a preparação de nossas almas para os sonhos que Deus nos enviará.

Trata-se, portanto, de examinarmos assim que acordamos: O que acabou de acontecer em mim? Consigo me lembrar de algum sonho? Há uma imagem de sonho? Que sentimento tenho ao acordar? Este sentimento é determinado pelos meus sonhos? A pesquisa sobre sonhos diz que o que esquecemos cinco minutos depois de acordar não será mais lembrado. Não se pode negar que haja, por vezes, certas experiências durante o dia que subitamente evocam a memória de um sonho; estamos cozinhando e voltamos a nos lembrar de um sonho. Mas, normalmente, devemos perguntar por nossos sonhos imediatamente depois de acordar. Às vezes, acordo à noite após um sonho e penso comigo mesmo: vou anotá-lo na parte da manhã. Mas, quando acordo de manhã, não consigo me lembrar. O sonho simplesmente tinha desaparecido. Por isso é bom escrever o sonho imediatamente depois de acordar. Mas só devemos fazer isso se sentirmos que o sonho é importante para nós.

O *segundo passo* é a anotação dos sonhos. Faz sentido manter um diário de sonhos. Por um tempo, adotamos o exercício de anotar os sonhos todos os dias. Mais tarde, podemos seguir nossa intuição e anotar os sonhos que realmente nos tocam. Ou podemos nos ocupar mais conscientemente com os sonhos durante os exercícios espirituais ou durante as férias.

O próprio ato de escrever já é uma interpretação do sonho. Pois, muitas vezes, não sabemos exatamente como foi o sonho. Ao escrevê-lo, nós também o fixamos. Portanto, ao escrever o sonho, não deveríamos interpretá-lo ainda, mas, se possível, apenas anotar o que vem à nossa mente. Depois de algum tempo, ao relermos nosso diário de sonhos, vamos perceber o que nos comoveu no sonho e o que o sonho nos deu. E a releitura nos mostra o que se transformou em nossa alma ao longo dos anos e quais temas nos comoveram em determinadas situações.

O *terceiro passo* para lidar com o sonho consiste, para mim, em absorvê-lo na oração. Sento-me diante de Deus e lhe estendo meu sonho. Na oração, eu ainda não interpreto o sonho. Simplesmente apresento as imagens oníricas para Deus. Apresento-lhe meu caótico aposento de sonhos, para que seu espírito crie ordem em minha alma. Apresento a Deus meus perseguidores e peço-lhe que me proteja e que integre à minha alma tudo o que eu separei de mim mesmo. Rezo, por assim dizer, com meus sonhos, pois inicialmente apenas apresento meu sonho a Deus, para que sua luz se derrame em todas as áreas que o sonho me revelou. A segunda etapa da oração seria: falo com Deus sobre meus sonhos e peço-lhe que me diga o que ele significa, me aponte aquilo para o que o sonho está chamando minha atenção. A conversa com Deus sobre meus sonhos mostra que eu não abordo meu sonho com curiosidade impessoal, mas me volto para Ele com toda a atenção. Estou disposto a me envolver com Ele, ouvir sua Palavra, deixar-me ser questionado, admoestado e advertido por Ele. E estou disposto a deixar que Ele desvele o que rumoreja e fermenta sob a superfície de uma vida talvez exteriormente bem-sucedida e o que não é tão bonito em mim. E, ao mesmo tempo, eu me comprometo em oração a fazer o que Deus pede de mim, e a responder obedientemente ao que Ele revelou para mim no sonho. É apenas conversando com Deus que posso reconhecer qual é sua vontade em relação a mim. Essa conversa não deve considerar apenas as experiências conscientes, mas também os sonhos, que desnudam o inconsciente e, com frequência, me conduzem ao próprio solo em que eu toco Deus.

A oração é um encontro com Deus. Encontro com Deus sempre significa autoencontro. Ao apresentar meus sonhos a Deus, eu vou ao seu encontro com minha verdade mais íntima, especialmente com uma verdade que muitas vezes reprimo por não me ser tão agradável. E, ao apresentar-lhe todas as minhas imagens oníricas, sem as interpretar, a transformação pode acontecer. Imagino que seu Espírito invade tudo o que lhe apresento e penetra justamente nas coisas inconscientes que surgem no sonho e que, muitas vezes, escapa à minha compreensão. O sonho atua, mesmo que eu não o compreenda. O que importa é que eu lide com o sonho, me ocupe com ele. E a oração é uma boa maneira de lidar com o sonho. Eu não me ponho sob a pressão de interpretar e compreender o sonho.

Simplesmente, apresento meu sonho com toda a sinceridade e honestidade, na confiança de que o Espírito de Deus permeia e ilumina tudo em mim e também desvenda o significado do sonho.

Um *quarto passo* seria pintar o sonho. Este passo não convém a todas as pessoas. E não tem de ser feito por todo mundo. Mas é uma maneira de lidar com o sonho. Ao pintar o sonho, ele se imprime mais profundamente em mim. E sempre posso ver a imagem onírica de novo. A observação da imagem já fortalece o efeito do sonho. Muitos terapeutas estimulam seus pacientes a pintar os sonhos. Depois eles levam essa imagem para a terapia. Ao pintar, não interpretamos o sonho conscientemente, mas vêm à tona algumas coisas que não são expressas apenas pela narração. O ato de pintar é, portanto, uma possibilidade de processamento inconsciente. Contemplar a imagem onírica juntamente com o terapeuta pode ser uma grande ajuda para entender melhor o sonho e deixá-lo atuar mais intensamente em mim.

O *quinto passo* é o que C.G. Jung chama de imaginação ativa. Como é um passo importante para mim, eu gostaria de tratar dele mais detalhadamente.

Digressão: imaginação ativa, segundo C.G. Jung

C.G. Jung reconheceu que é salutar para a alma olhar as imagens internas do sonho e, por assim dizer, continuar a sonhá-las. Ele fala da arte de Mestre Eckhart de deixar algo acontecer. Se olharmos para as imagens internas da alma e simplesmente deixá-las surgir, novas imagens se desenvolvem espontaneamente. A alma, por assim dizer, continua a sonhar o sonho. Jung aconselha o método de imaginação ativa a quem procura conselho e lhe pede que analise seus sonhos. Ele lhe indica o analista que vive em seu próprio coração. Mas esse analista não analisa os sonhos. Ele se confronta, antes, com o inconsciente (JUNG. *Briefe* 2, 75).

Em outra carta ao mesmo interlocutor, Jung descreve como ocorre esse confronto com o inconsciente na imaginação ativa: "Na imaginação ativa, é importante começar com qualquer imagem... Considere a imagem e observe exatamente como ela começa a desdobrar-se ou alterar-se. Evite qualquer tentativa de trazê-la a uma forma determinada, não faça nada senão observar quais mudanças ocorrem espontaneamente. Toda imagem psíquica que você observar desta forma irá, mais cedo ou mais tarde, se transformar, precisamente em virtude de uma associação espontânea, que conduz a uma ligeira mudança da imagem. Saltar impacientemente de um tema para outro deve ser cuidadosamente evitado. Mantenha a imagem que você escolheu e espere até que ela se transforme espontaneamente. Você precisa observar cuidadosamente todas essas mudanças e você próprio deve, por fim, entrar na imagem: se aparecer um personagem que fala, diga o que você tem a dizer e ouça o que ele ou ela tem a dizer. Desta forma, você não apenas pode analisar seu inconsciente, mas dá ao subconsciente uma chance de analisar a você próprio. Assim você cria, gradualmente, a unidade de consciente e inconsciente, sem a qual não há individuação" (JUNG. *Briefe* 2, 76).

C.G. Jung enfatizou repetidamente que não é suficiente apenas aceitar o inconsciente. Também é importante confrontar-se com ele. Não é suficiente apenas seguir a fantasia dele. Jung escreve a outra interlocutora: "A própria pessoa tem de entrar na imaginação e forçar os personagens a prestar contas. Apenas isso integrará o inconsciente ao consciente, a saber, mediante um processo dialético, ou seja, mediante um diálogo entre você e as figuras inconscientes. O que acontece na fantasia deve acontecer *a você*. Você não deve se deixar representar por uma figura de fantasia. Você deve conservar o eu e deixar que seja modificado apenas pelo inconsciente" (JUNG. *Briefe* 2, 195). Portanto, a imaginação ativa sempre tem a ver com um diálogo entre o eu e o inconsciente. Trata-se de integração e não de uma fuga para belos mundos de fantasia.

Aos participantes do curso sobre sonhos eu tento comunicar o que Jung quer dizer com a imaginação ativa: "Sente-se ou deite-se confortavelmente, para que se sinta bem. Em seguida, preste atenção na respiração. Na expiração, expulse tudo o que está passando por sua cabeça agora. Tente estar totalmente em você mesmo. Então imagine que você está sentado sozinho numa grande sala de cinema. Ao seu lado há um projetor. Coloque nesse aparelho o filme de seu sonho. Em seguida, deixe o filme rodar. Você pode deixar o filme rodar lentamente ou congelar a imagem. Ou você pode deixar o filme continuar lentamente com uma continuação que se forma por si só em sua alma. Outra maneira: congele a imagem repetidas vezes. Em seguida fale com as pessoas no sonho. Inicie uma conversa com elas, enuncie o que elas querem lhe dizer. Mas fale também com os objetos. O que a porta quer me dizer? E o carro? Que mensagem a paisagem florescente ou a neve espessa querem me passar? E se animais aparecerem no sonho, inicie uma conversa com eles também. Tente ficar totalmente relaxado. Então pode ser que o sonho continue por conta própria. Você sonha, por assim dizer, a continuação do sonho. Se a fantasia não se tornar ativa e o sonho não se desenvolver por conta própria, simplesmente observe as imagens oníricas e deixe que elas atuem em você. Não se coloque sob pressão de desempenho. Mas aproveite esses 15 minutos para lidar ativamente com o filme do sonho".

Esse método de imaginação ativa é particularmente útil para sonhos com perseguição. Pergunto à pessoa que me persegue o que ela quer me dizer, por que ela me persegue. Talvez queira me apontar algo importante. Muitas vezes o perseguidor revela ser amigo. A sombra que ele representa torna-se para mim um auxílio, que enriquece minha vida. No entanto, a imaginação ativa é não só um diálogo com as pessoas e as imagens do sonho. Eu também posso tentar dar continuidade ao sonho. Alguns não têm dificuldade em conseguir isso. O sonho simplesmente continua. E, muitas vezes, ele toma um bom rumo. Essa continuação interpreta o sonho que antes não pudemos compreender de modo algum. Eis que, de repente, algo se esclarece.

Alguns – especialmente homens – muitas vezes são céticos. Eles dizem: comigo, o sonho não continua; consigo, no máximo, refletir sobre ele depois, ou posso desejar como ele prosseguiria, mas são só meus próprios pensamentos.

Claro, não podemos distinguir com precisão se somos nós que continuamos a pensar sobre o sonho ou se ele se forma por si só na alma. Mas também não devemos fazer essa distinção. Mesmo que eu, na imaginação ativa, continue refletindo sobre o sonho e o aborde mais racionalmente, isso faz sentido. Pois, em todo caso, estou me ocupando com o sonho. E ele pode agir sobre mim.

Nos cursos sobre sonhos, tenho visto com frequência que, para alguns participantes, a imaginação ativa tem uma solução mais clara do que a conversa. Por exemplo, certa vez contemplamos um sonho no grupo; e, ainda assim, apesar de todas as associações, não ficou claro o que o sonho de uma mulher em particular realmente queria dizer. Então ela procedeu à imaginação ativa – e, de repente, tudo se esclareceu. A situação mudou de tal modo que ela pôde ver seu sonho como uma ajuda para seu caminho.

Essa mulher tinha sonhado com um belo portão. Quando ela contou o sonho, não lhe era claro o que o portão significava. E a conversa não a ajudou em nada. Só ficou claro que ela estava prestes a dar um passo importante. Então ela empregou a imaginação ativa para esse sonho. De repente, ela atravessou o portão e entrou numa paisagem florida. Ela subitamente percebeu que devia tomar coragem para passar pelo portão, ou seja, tomar uma decisão na vida, uma decisão que estava em suspenso. A solução foi mostrada: o caminho vai conduzi-la além do limiar para uma paisagem florida. Em outras palavras, sua vida vai florescer e dar frutos.

O *sexto passo* consiste em discutirmos nossos sonhos com outra pessoa. Pode ser o marido, a esposa, um amigo ou uma amiga. Ela não precisa ser especialista na interpretação dos sonhos. A mera narração do sonho fortalece seu efeito. O ouvinte não precisa tentar decifrar o sonho. Ele simplesmente ouve e deixa o sonho agir sobre ele. Ele pode exprimir o sentimento provocado nele por algumas imagens do sonho. Pode fazer associações. Pode refletir sobre como isso ocorreu exatamente. E pode perguntar se essa ou aquela imagem aponta para algo atual na vida cotidiana. Em nenhum caso, o ouvinte pode impor uma interpretação à pessoa que sonhou. Ele só pode ajudá-la a entender melhor o próprio sonho. Pode expandir as imagens, comparando-as com imagens de mitos ou contos de fadas. Ou pode ligar suas próprias experiências às imagens. Tudo o que o ouvinte diz deve ser para ajudar o sonhador a entrar em contato com sua própria alma. O sonhador deve confiar em seus próprios sentimentos. Só devo procurar uma interpretação onde algo fala a mim, onde minha alma é tocada. Eu devo descartar o que me parece estranho. Em caso nenhum, deveríamos avaliar ou taxar o sonhador dizendo, por exemplo, que o sonho mostra que ele não tem autoestima, que está com medo, que tem um problema. Tais declarações sobre o outro não têm lugar na conversa sobre os sonhos.

A pessoa que narra seu sonho e o ouvinte não devem ser colocados sob a pressão de decifrar e interpretar o sonho custe o que custar. Alguns sonhos se esquivam a uma interpretação. Embora a interpretação fortaleça o efeito do sonho, este também atua quando é narrado e quando os participantes da conversa circundam o sonho com suas associações e imagens. A narração basta para alçar o sonho à consciência e, assim, já o leva a exercer efeito. Algo oculto é enunciado e, portanto, se torna real e eficaz. Às vezes, podemos ter o auxílio de perguntas como: Que título você daria ao seu sonho? Que sentimento você teve ao acordar? Que associações lhe ocorreram?

O *sétimo passo* consistiria em discutirmos o sonho com um terapeuta ou um acompanhante espiritual. Neste caso, não se trata apenas da interpretação do sonho, mas da relação entre o sonho e o processo da nossa individuação (na conversa com o terapeuta) ou de nossa jornada espiritual (na conversa com o acompanhante espiritual). Trata-se também de saber que passos podem derivar dessa relação. A seguir, eu gostaria de me aprofundar apenas na conversa sobre sonhos no caso do acompanhamento espiritual.

Conversa sobre sonhos no acompanhamento espiritual

Minha experiência mostra que é bom trazer os sonhos para os exercícios espirituais ou, de modo geral, para um acompanhamento espiritual. Os sonhos muitas vezes mostram o que é realmente importante na jornada espiritual. Os sonhos nos impedem de preparar uma jornada espiritual segundo nossos próprios termos, de modo que nosso trajeto corresponda mais à nossa ambição do que à nossa verdadeira natureza. Especialmente quando o caminho parece se interromper, eu pergunto, no acompanhamento espiritual, por sonhos, especialmente sonhos típicos, recorrentes ou sonhos que tocaram a pessoa recentemente. Nos exercícios espirituais, é frequente que apareçam sonhos que indicam a quem pratica os exercícios o tema para seus dias de silêncio e também sugerem respostas e caminhos. Por exemplo, uma irmã, no início dos exercícios individuais, sonhou que estava no consultório de sua médica. No sonho, a médica a examina e constata que ela está totalmente saudável, com exceção de um problema no coração. O sonho foi claro para ela. Havia algo de errado em sua relação com

Cristo. Assim, era seu dever restabelecer uma relação pessoal com Cristo durante os exercícios. Na primeira conversa, ela havia descrito sua situação espiritual e expressado o desejo sobre o que deveria ser ativado nela durante os exercícios. Mas, na imagem "doença cardíaca", o sonho indicou com muito mais nitidez o que realmente lhe faltava e aquilo em que ela devia trabalhar. Com frequência, imagens alcançam a essência do nosso estado melhor do que nossos diligentes esforços para analisar nossa situação.

É frequente que, durante os exercícios individuais, o sonho indique a algumas pessoas sua tarefa. Os sonhos também acompanham certas pessoas durante os dias de silêncio e ajudam a resolver questões importantes. Se há uma decisão pendente, certamente faz sentido perguntar pela vontade de Deus à luz dos textos bíblicos e no exame dos diferentes motivos. Em muitas decisões, não é possível reconhecer a coisa certa racionalmente, nem somente pela oração. Aqui, um sonho muitas vezes pode ser útil, ainda que ele não indique claramente a solução e esta deva ser buscada apenas na contemplação e interpretação do sonho e com o olhar voltado para Deus.

Todo caminho espiritual também inclui riscos, e isso também se aplica ao trato com os sonhos. Uma madre superiora me disse: "Uma coirmã não ouve minhas palavras nem as de outras irmãs. Ela se esconde atrás dos sonhos". Ela diz: "Meus sonhos me mostram o caminho. O próprio Deus fala comigo no sonho. Eu tenho de obedecer a esta voz de Deus". De fato, como já vimos, os primeiros monges acreditavam que Deus fala conosco em sonhos. Mas eles tinham um importante critério para distinguir se ouvimos a voz de Deus num sonho, ou apenas imaginamos que Deus fala conosco. E esse critério é a realidade. Então perguntei à madre superiora: "Como essa irmã vive no convento? Como trabalha? Como se relaciona com os outros?"

Também já vi pessoas se esconderem atrás de seus sonhos como forma de reagir às suas próprias necessidades de poder. Elas acreditam ser infalíveis e justificam sua infalibilidade com a voz de Deus no sonho. Então aceitam em termos incondicionais algo que precisamos questionar repetidas vezes no diálogo com Deus e com as pessoas. É raro que o sonho dê uma instrução clara e inequívoca. E, quando ele realmente é uma instrução de Deus, neste caso também se percebe que uma instrução de Deus também sempre traz bênção para as pessoas.

Outro risco é o de que as pessoas se achem interessantes com seus sonhos e visões. Uma mulher se extasiava com os sonhos devotos de seus filhos. Seus dois filhos – de oito e dez anos de idade – sonhavam constantemente com Jesus. "Jesus lhes diz o que fazer. E eles são tão bonzinhos e devotos." Ouço isso com ceticismo. Porque há o risco de que eu use meus sonhos para me esquivar das exigências normais da vida. Como eu não consigo brilhar na vida, quero pelo menos sobressair com minha devoção. E me faço interessante com meus sonhos piedosos, até mesmo com minhas visões. Eu só preciso orar para ver Jesus. Ele me encontra e fala comigo. A questão é saber se é realmente Jesus que vem ao meu encontro, ou se os sonhos são devaneios em que eu fantasio meus próprios desejos ao imaginar algo grandioso para mim, pois, caso contrário, continuarei pequeno.

Na esfera católica há muitas pessoas que falam de visões e aparições. Há visões reais. Por um lado, devemos dar ouvido às visões e levá-las a sério. Muitos têm medo de falar sobre isso, porque receiam que alguns terapeutas ou cuidadores de almas suspeitem que estejam mentalmente doentes. Há, naturalmente, visões e audições doentias. Às vezes, ouvir vozes é um sinal de psicose. Mas também é um risco calar-se a respeito de tais visões pelo fato de serem imediatamente patologizadas. Outro perigo é a pessoa querer fazer-se interessante com suas visões. Se Maria aparece pessoalmente para mim, então sou especial e me distingo de todos os outros. Os místicos também tinham visões. Mas, ao mesmo tempo, eram muito cautelosos em falar sobre isso. Porque sabiam do risco de se inflarem com visões e elevarem-se acima das pessoas comuns. As visões são algo sagrado. E o sagrado deve ser protegido. Jesus já diz que não devemos dar aos cães as coisas santas (Mt 7,6). Não se deve consumir o que é sagrado. Deve ser respeitado e protegido.

No campo esotérico, as pessoas se fazem interessantes com visões de anjos. Mais uma vez, aqui também se trata de algo extraordinário. Mas quem acredita que pode ter relação de igual para igual com os anjos e falar com eles sempre que quiserem está monopolizando os anjos. Para a verdadeira espiritualidade, Deus e os anjos são sempre indisponíveis. Não posso evocar visões. Elas são, em última instância, uma dádiva. E, quando recebemos tal dádiva, podemos aceitá-la com toda a humildade e gratidão. Por isso, a humildade era para os místicos o verdadeiro critério para dizer se visões são reais ou não.

Quatro regras para os acompanhantes espirituais

Para o acompanhamento espiritual está claro: os sonhos não são a norma suprema. Devem sempre ser confrontados com as palavras das Escrituras e com a realidade da vida cotidiana. Caso contrário, a pessoa corre o risco de construir seu próprio mundo de sonhos e se recolher nele. A partir daí, ela não se deixa questionar por ninguém. Portanto, em meus seminários sobre sonhos ou no acompanhamento espiritual, sempre ofereço um texto bíblico para a meditação e não um sonho. O sonho pode ser um complemento para a meditação ou horizonte no qual eu me envolvo com o texto bíblico. Quando alguém não consegue confrontar um texto bíblico, isto é sinal de que ele orbita na contemplação dos seus sonhos e permanece fechado em si mesmo. Ele já não pode reconhecer a mensagem de Deus nos sonhos. Ele só se faz interessante com seus sonhos, mas não os ouve realmente. Ele os emprega para impedir a aproximação dos outros, seja do acompanhante espiritual, seja de Deus.

Quando me envolvo com os sonhos de quem está realizando os exercícios espirituais, eu não o confronto apenas com as palavras das Escrituras, mas também com a vida real. O sonho é inútil se não é transposto para a realidade. Para Bento, o trabalho é um teste para saber se a oração é correta. Da mesma forma, a realidade do cotidiano é um teste para ver se a forma de lidar com os sonhos é boa e autêntica. Há uma fuga para a devoção, mas também uma fuga para os sonhos. A verificação da realidade é, portanto, crucial. O sonho deve moldar a realidade e enchê-la de vida. Mas não devemos recuar da realidade para o mundo dos sonhos. As consequências a deduzir do sonho devem ser claras e facilmente compreensíveis para o acompanhante espiritual. Existe uma maneira de falar sobre os sonhos e lidar com eles que faz nascer em mim uma sensação desagradável. De alguma maneira eu sinto que isso não está correto e que o outro também não se beneficia em nada por viver num mundo onírico. Então eu não me envolvo mais profundamente nos sonhos, mas confronto a pessoa com a Bíblia e com as tarefas de reflexão e de meditação ou com a plasmação concreta de seu dia a dia.

Mas, inversamente, também constato que algumas pessoas se escondem atrás de passagens bíblicas. Por certo, elas meditam sinceramente e são capazes de relatar um monte de boas ideias a respeito. Mas tenho a sensação de que algo não vai bem, pois alguém usa as palavras da Bíblia como um escudo para se blindar contra perguntas indesejadas. Ele se escuda por trás das palavras. Então procuro saber especificamente sobre seus sonhos. Pois nos sonhos ele não pode mais se esconder atrás de pensamentos bem ponderados, mas impessoais. Então ele se revela, mesmo que não queira isso. Então se abre uma fenda pela qual posso olhar para seu coração. Um acompanhamento espiritual frutífero só é possível quando entro em contato com seu coração. Agora realmente se trata dele, de sua pessoa, de suas feridas e seus desejos e não de pensamentos religiosos e edificantes sobre o qual poderíamos conversar impessoalmente durante toda uma semana.

É preciso, portanto, o discernimento dos espíritos, a fim de avaliar se é apropriado perguntar sobre os sonhos e envolver-se com eles, ou se é suficiente acompanhar o caminho espiritual do indivíduo que realiza os exercícios, deixando-o meditar textos bíblicos e buscar neles a vontade de Deus. Se alguém não se lembra de sonho algum, então não perscruto mais. Para algumas pessoas, o sonho não é o veículo apropriado. Para elas é suficiente meditar passagens bíblicas e nelas reencontrar Deus e a si mesmas. Para algumas, não se trata de reconhecer a vontade específica de Deus, mas se unir cada vez mais a Deus no caminho místico, libertar-se de si mesmas mais e mais para descansar em Deus. Nesse caminho contemplativo, há fases em que os sonhos se silenciam. E há trechos em que eles se apresentam de novo e transmitem mensagens importantes. Trata-se sempre de Deus, não dos métodos para buscar e encontrá-lo.

Em nosso caminho espiritual, devemos nos livrar de nós mesmos e nos tornar permeáveis para o Espírito de Deus, para sua bondade e amor aos humanos. O objetivo da jornada espiritual é ser o lugar da presença de Deus neste mundo, de ser tomado para seu serviço e ao mesmo tempo ser seu templo, que é o nosso centro mais íntimo. É de secundária importância saber quais métodos nos vão ser úteis nesta jornada. A experiência mostra que os sonhos podem ser, por longos trechos do caminho, um guia e indicador útil.

Então, como um acompanhante espiritual pode lidar com os sonhos de quem se confia a ele em seu caminho espiritual? Eu gostaria de resumir, em quatro regras para o acompanhante espiritual, as experiências que tive com os sonhos dos outros.

A *primeira regra*: É importante desenvolver uma sensibilidade para detectar onde é apropriado envolver-se com os sonhos. É aconselhável perguntar pelos sonhos quando percebemos que o outro empacou, que nada mais se movimenta. Aqui devemos confiar em nosso sentimento para ver se os sonhos levam adiante ou se desviam, se o outro foge para seus sonhos, ou se ele apreende uma interpretação e uma instrução úteis.

A *segunda regra* diz respeito à nossa interpretação de sonhos alheios. Devemos escutar, perguntar, permitir que o outro busque ele próprio, o máximo possível, o significado do seu sonho. Podemos perguntar o que ele próprio acha do sonho, como ele se sentiu depois, quais temas ele vê destacados ali, como o sonho descreve sua situação real e quais exigências o sonho lhe solicita. Então, podemos perguntar por imagens individuais, procurar saber que ligações ele faz com elas, que associações lhe vêm à mente. Normalmente isto é suficiente. Apenas quando acharmos apropriado, poderemos pedir ao outro que, assumindo o papel de um personagem do sonho, narre o que lhe ocorrer espontaneamente.

A *terceira regra* refere-se à nossa interpretação de sonhos alheios. Penso que realmente devemos ter a coragem de dizer alguma coisa sobre o sonho de outra pessoa. No entanto, isso exige grande cuidado e uma boa capacidade de empatia. Primeiro temos de sentir se nossa própria interpretação é apropriada ou se a interpretação do outro é suficiente. Quando nós mesmos dizemos alguma coisa, não podemos dar uma interpretação absoluta aos sonhos, mas apenas tocar nos assuntos que nos parecem importantes e, ao mesmo tempo, úteis para a outra pessoa. Nossos pensamentos sobre o sonho são apenas um convite ao sonhador para que sinta em si mesmo se essas ideias encontram eco nele. Não podemos impor ao outro a nossa interpretação, nem jamais sobrecarregá-lo com ela, mas sustentá-lo, dar-lhe confiança e abrir um caminho para o futuro. Devemos falar sobre o sonho de modo que o outro se sinta mais livre e mais amplo, de modo que algo nele ganhe vida e uma fonte comece a borbulhar.

A *quarta regra*: Parece-me importante transpor o sonho para um programa espiritual concreto. Podemos perguntar às pessoas como elas próprias poderiam transferir o sonho para sua vida, quais práticas seriam úteis para inserir a mensagem do sonho na realidade de sua vida. Se elas não cogitarem em nada por si próprias, podemos lhes sugerir exercícios para que apreendam o tema do sonho e o tornem fecundo para si mesmas. Ou podemos buscar um texto bíblico adequado, que elas deveriam meditar tendo seu sonho como pano de fundo. Assim, não devemos parar no sonho, mas dar-lhe continuidade pela Palavra de Deus, que lhe fornece resposta e abre novos horizontes, através de um exercício espiritual que introduz a imagem do sonho no corpo, ou através de um exame de consciência, que ilumina com mais exatidão o pensamento consciente e a ação à luz do sonho.

Certamente, há ainda outras regras para a interpretação de nossos próprios sonhos e dos alheios. Mas me parece que, inicialmente, estas quatro regras são suficientes. Quem se envolve com seus próprios sonhos e os dos outros vai descobrir por si mesmo qual é o método adequado. Eu só quis dar um impulso para que reflitamos sobre como incluir os sonhos em nossa jornada espiritual e como lidar com eles nesse acompanhamento.

7
Conclusão

O fato de sonharem conecta as pessoas em todo o mundo. Pois as pessoas em todos os povos, culturas e religiões têm sonhos. Segundo C.G. Jung, nos sonhos mergulhamos no *unus mundus*, no *mundo uno*, em que estamos todos conectados uns com os outros, em que tudo é um. Por milênios, as pessoas em todas as culturas têm se ocupado com os sonhos. E escreveram livros sobre o assunto. As declarações sobre o sonho e a maneira de interpretá-los diferem de acordo com a cultura, a época e a perspectiva da qual são vistos. Isso se aplica para o Ocidente: os livros sobre sonhos dos antigos gregos ou dos Padres da Igreja entendem os sonhos de modo diferente dos livros de sonhos psicológicos de nossos dias; e, nas diversas escolas psicológicas atuais, vamos deparar com diferentes representações. E também se aplica ao Oriente: os primeiros livros sobre sonhos apareceram na China há 1.000 anos a.C. O olhar que lançam sobre os sonhos é diferente daquele do cuidador de almas e dos psicólogos da Ásia de hoje.

Mas todos os livros sobre sonhos e todas as tentativas de entender e interpretar os sonhos têm algo em comum: o fascínio pelo que vem ao encontro das pessoas à noite durante um sonho. Todas as culturas concordam que devemos dar atenção aos sonhos e que estes carregam uma mensagem importante para nós. É bom atentar para os sonhos e não os descartar como mera "espuma", como foi feito na época do racionalismo.

Em nossas conversas, a senhora Wu e eu examinamos sonhos comuns de pessoas da Alemanha e de Taiwan. Cada um olhou para os sonhos com sua própria intuição pessoal. Mas nossa intuição é, naturalmente, marcada por nossa origem. No meu caso, isso inclui não só a tradição cristã, mas também a tradição da filosofia e da psicologia ocidentais e, especialmente, o estudo da psicologia de C.G. Jung. Wu é influenciada por sua cultura chinesa e pela perspectiva taoista. Mas também é influenciada por sua educação cristã e seu envolvimento na Igreja Evangélica de Taiwan. Foi estimulante para nós contemplar os sonhos com olhares diferentes.

Chegamos à seguinte percepção: os ocidentais examinam o sonho considerando especialmente o que os símbolos individuais dizem sobre nossa psique, quais problemas internos eles indicam, e quais caminhos nos mostram que podem nos ajudar a avançar em nossa trajetória de autorrealização, ou – em termos cristãos – em nossa jornada espiritual, em nosso caminho no seguimento de Cristo. Os asiáticos – especialmente os de formação taoista – perguntam, antes, pelo que o sonho pode dizer sobre nossa natureza como seres humanos. Para eles, os sonhos são, antes, parábolas que nos comunicam uma mensagem importante sobre nossa condição humana. Trata-se, aqui, menos do desenvolvimento do homem do que de seu ser, sua essência. Ambos os pontos de vista são válidos.

O futuro do nosso mundo depende do diálogo, do diálogo entre religiões e culturas e do diálogo entre as diferentes ciências, entre teologia e psicologia, biologia e pesquisas sobre o cérebro. Para nós dois, o diálogo, que tocava em nossas diferentes origens e perspectivas, foi interessante e útil. Por isso, esperamos que este diálogo também seja um enriquecimento para você, leitor, quando observar seus próprios sonhos.

Assim, esperamos que você, leitor, tenha encontrado neste livro estímulos que o ajudem a entender seus sonhos. Olhe com gratidão para eles. É o próprio Deus que os envia, ou – como a Bíblia exprime com frequência – é um anjo que vem ao seu encontro no meio da noite e fala com você em sonho. E observe seus sonhos com certa curiosidade. Toda noite o anjo lhe transmite uma mensagem importante, uma mensagem sobre você e o mistério de sua condição humana, mas também uma mensagem sobre como ir adiante em seu caminho. Desejamos-lhe que entenda a mensagem e responda a ela, tal como Mateus nos diz a respeito de José: "E José, despertando do sonho, fez como o anjo do Senhor lhe ordenara" (Mt 1,24). Você pode, portanto, ter a confiança de que sua história é uma história de salvação, uma história em que o Emanuel – Deus conosco – está com você, indicando-lhe o caminho e o acompanhando, até que seu caminho também se torne um caminho de redenção e salvação.

Referências

BETZ, O. *Das Geheimnis der Zahlen*. Stuttgart, 1989.

BOSS, M. *Der Traum und seine Auslegung*. Regensburgo, 1974.

EVÁGRIO PÔNTICO. *Praktikos* – Über das Gebet, übersetzt und eingeleitet von John Eudes. Bamberger/Münsterschwarzach, 1986.

FARADAY, A. *Die positive Kraft der Träume*. Munique, 1984.

GRÜN, A. *Träume auf dem geistlichen Weg*. Münsterschwarzach, 1989.

HARK, H. *Der Traum als Gottes vergessene Sprache*. Olten, 1984.

HARNISCH, G. *Das grosse Traum-Lexikon*. Friburgo, 2013.

JUNG, C.G. *Von Traum und Selbsterkenntnis* – Einsichten und Weisheiten, ausgewählt von Franz Alt. Olten, 1986.

_____. *Gesammelte Werke*. Band 18/1. Olten, 1981.

_____. *Briefe*. Band 2 (1946-1955). Olten, 1972.

_____. *Gesammelte Werke*. Band 8. Zurique, 1967.

KELSEY, M.T. *Träume* – Ihre Bedeutung für den Christen. Metzingen, 1982.

RIEDEL, I. *Träume* – Wegweiser in neue Lebensphasen. Friburgo, 2013.

SANFORD, J.A. *Gottes vergessene Sprache*. Zurique, 1966.

Índice

Sumário, 5

1 Introdução, 7
Encontro com o mundo espiritual do Tao, 7
Interpretação e significado espirituais, 14
"A linguagem esquecida de Deus", 21
Conhecimento em imagens: o poder dos
sonhos, 25

2 Verdade, direção, promessa – O sonho na
Bíblia, 31
O sonho no Antigo Testamento, 31
Sonhos no Novo Testamento, 41
Significado triplo, 48

3 Experiência de Deus e autorreferência – O sonho
na tradição espiritual, 51
Os Padres da Igreja: inspiração e força por meio
dos sonhos, 51
O livro dos sonhos de Sinésio, 54
Evágrio Pôntico: os sonhos no caminho
contemplativo, 58
Visões e aparições, 67
Sonho: realidade e efeito, 70

4 Compreensão do sonho na psicologia, 77

Impulsos instintivos reprimidos: a análise dos
sonhos em S. Freud, 77
Riqueza da alma: a interpretação dos sonhos em
C.G. Jung, 78
Princípios da compreensão dos sonhos, 83
Nível do objeto e nível do sujeito, 85

5 Linguagem dos sonhos – Significado das
imagens, 91

Sonhos com casa, 94
Sonhos com carros, 98
Sonhos com quedas, 100
Excreções, 101
Sonhos sexuais ou eróticos, 102
Sonhos com perseguição, 103
Guerra e prisão, 105
Sonhos com animais, 106
Sonhos com crianças, 110
Sonhos com casamento, 112
Nudez, 113
Chegar muito tarde, 115
Sonhos com portas fechadas, 116
Sonhos com caminhos, 117
Sonhos com exames, 118
Sonhos com números, 119
Sonhos com palavras, 122
Sonhos com voo, 123
Sonhos coloridos, 124
Sonhos com decisões, 125
Sonhos com água, 127

Sonhos em fases de transição, 128
Morte e sepultamento, 129
Sonhos que predizem o futuro, 133
Sonhos numinosos ou espirituais, 134

6 As regras para lidar espiritualmente com os sonhos, 139

O caminho espiritual e o inconsciente, 139
Sete passos para lidar espiritualmente com os sonhos, 144
Digressão: imaginação ativa, segundo C.G. Jung, 148
Conversa sobre sonhos no acompanhamento espiritual, 155
Quatro regras para os acompanhantes espirituais, 159

7 Conclusão, 165

Referências, 169

Conecte-se conosco:

f facebook.com/editoravozes

⌾ @editoravozes

🐦 @editora_vozes

▶ youtube.com/editoravozes

☎ +55 24 2233-9033

www.vozes.com.br

Conheça nossas lojas:

www.livrariavozes.com.br

Belo Horizonte – Brasília – Campinas – Cuiabá – Curitiba
Fortaleza – Juiz de Fora – Petrópolis – Recife – São Paulo

EDITORA VOZES LTDA.
Rua Frei Luís, 100 – Centro – Cep 25689-900 – Petrópolis, RJ
Tel.: (24) 2233-9000 – E-mail: vendas@vozes.com.br